人民币

第一财经 CBN｜**频道年度巨制**

中国第一部以人民币为主题的

大型电视纪录片

第一财经◎编著

ZHEJIANG UNIVERSITY PRESS
浙江大学出版社

图书在版编目（CIP）数据

人民币 / 上海第一财经传媒有限公司编著. — 杭州:浙江大学出版社，2012.11

ISBN 978-7-308-10554-5

Ⅰ. ①人… Ⅱ. ①上… Ⅲ. ①人民币（元）-货币史 Ⅳ. ①F822.9

中国版本图书馆CIP数据核字(2012)第208257号

人民币

上海第一财经传媒有限公司 编著

责任编辑 胡志远

出版发行 浙江大学出版社

（杭州天目山路148号 邮政编码 310007）

（网址：http://www.zjupress.com）

排 版 杭州林智广告有限公司

印 刷 浙江印刷集团有限公司

开 本 710mm×1000mm 1/16

印 张 12.75

字 数 220千

版 印 次 2012年11月第1版 2012年11月第1次印刷

书 号 ISBN 978-7-308-10554-5

定 价 47.00元

浙江大学出版社发行部邮购电话 （0571）88925591

序

人民币现在已经成为世界性的话题了。

美国议会与西方媒体一再有人指责中国操纵汇市，压迫人民币升值。

人民币究竟怎么了？

中国GDP持续高速增长近20年，已成为仅次于美国的世界第二大经济体。在这段和平发展的历程中，人民币当然也越来越强势。

中国成为"世界工厂"，中国制造的产品价廉物美，行销世界。人民币自然地成为许多国家的企业和人民用来保值与购物的货币。

人民币国际化来势凶猛，成为21世纪不可阻挡的大趋势，在构建全球金融和经济的新秩序方面发挥着重要作用。

这些变化，当今中国的几代人都是历史见证人，如果没有邓小平倡导的改革开放，推行社会主义市场经济，这些都是不可想象的。

人民币是中国宏观经济状况的重要组成元素，货币政策是最重要的宏观经济政策之一。对老百姓而言，人民币是财富的象征。人民币的变化关系着国家的兴衰和人民的贫富。未来，人民币的命运将如何？这是举世瞩目的大事。要把握未来，就必须全面、正确地了解现在；要了解全面、正确的现在，就必须全面、正确地了解它的过去。

第一财经的吴飞跃先生与他的团队是一群思想敏锐的有心人，他们编写了这本《人民币》，采访了上百位经济学家、社会学家、历史学家、哲学家、企业家、资深记者、政府官员、相关事件亲历者，从不同视角论述了这一主题。集真知灼见之大成，实在难得。

　　全书图文并茂，知识性与趣味性俱全，它不仅是一部独具特色的人民币发展史，而且涵盖了广阔的经济、政治和社会背景，堪称一种另类的中国改革开放史。在党的十八大前夕出版这本书是十分有意义的。

　　这么多专家的见解，自然不可能都是相同的。正因有不同见解，读者才能兼听则明。"公生明"，只要这些见解是出于对国家、对人民的真心关怀，就都是可取的。在此，我愿赘述一句：中国人必须谦虚谨慎。中国人均 GDP 才过 5000 美元，骄傲不得。人民币的国际化道路还十分漫长，十分艰巨。最重要的是尽量与广大发展中国家在贸易上实行双方直接共赢结算：我用人民币购你货物，你用人民币购买"中国制造"，绕过美元霸权。惹不起，还躲得起！虽说是躲，却是农村包围城市！

　　以上就是我作为第一读者的一点心得。写下来，谨作序。

刘吉

中国社会科学院原副院长

走来的人民币

在那个炮火轰鸣的时代里，在不为人所熟知的战场上，进行着一场悄无声息却又惊心动魄的厮杀。这是一次攸关全中国人民的致命决斗，这是一场影响国家经济命脉的生死角逐。法币崩溃，金圆倒台，史无前例的恶性通货膨胀势不可当。当历史的硝烟缓缓散去，那象征着亿万人民财富的货币在血与泪的煎熬中缓步走来，最终给饱受战争摧残和经济剥削的中国人民带来了新的希望。

货币

从商品中分离出来固定地充当一般等价物的商品。货币是商品交换发展到一定阶段的产物，其本质就是一般等价物，具有价值尺度、流通手段、支付手段、贮藏手段、世界货币的职能。人类使用货币的历史始于物物交换的原始社会，人们希望能够找到一种大家都能够接受的物品，牲畜、盐、稀有贝壳、珍稀鸟类羽毛、宝石、石头等不容易大量获取的物品都曾经作为货币被使用过，后来货币商品逐渐过渡为金银等贵金属。随着商品生产的发展和交换的扩大，金银等贵金属的供应越来越不能满足人们对货币日益增长的需求，又逐渐出现了代用货币、信用货币，以弥补流通手段的不足。进入20世纪，金银慢慢地退出货币舞台，不兑现纸币和银行支票成为各国主要的流通手段和支付手段。

人民币，全世界 1/5 的人每天都在接触、使用的货币。它穿梭于一个个市场，把资源送往它们该去的地方；它在一只只手掌中传递，指引着人们前行的方向。对于大多数人来说，人民币的存在就如同空气一般，虽不可或缺，却也普通平常。但在有些人看来，人民币的价值远不止于此，比如画家石村。

石村自小在南京学画，长大后移居现代艺术中心纽约多年。几年前，他改行经商了。在见识过形形色色的人，游历过大半个世界后，人到中年的石村又有了很强的创作欲望。他重提画笔，开始用自己的方式表达对中国历史的理解与感悟。

石村　画家：

我觉得在中国，人与人之间，还有国家与人民之间，最大的一个连接点，其实就是人民币。人民币是货币，也是媒介，还是财富的分配工具。人们膜拜它，追逐它。我觉得人民币其实有很多的含义，它的内涵非常丰富。我希望把这个内涵艺术化，就开始画人民币。我走进了人民币的世界，突然发现人民币的历史其实就是新中国的历史。它讲述着过去，也展示着今天，还预示着未来。

◎画家石村与其画作

　　一块空白的画布，从无到有，合纵连横，当一万多块红色方格将整个版图逐一占据，呈现在人们眼前的便是一幅既熟悉又有些许陌生的图景——人民币。

　　石村　画家：

　　这 16562 个颜色不同的方块，代表了亿万中国人民。每调一个颜色、画一个色块，都会耗费我很多的时间和心血。但是我觉得非常值得，我就要用这种苦行僧一样的劳作，来表达我对每一个中国人的尊重。人民是国家的主人，也是历史的缔造者。因为每一个人付出、贡献了他自己独特的价值，才使得人民币在世界上有了今天独特的价值和地位。从某种意义上来说，人民的命运就是人民币的命运，也是国家的命运。在我的世界观或者意识中，这是一个非常有代表性的，代表今天中国的一个东西。这是我看到的，最最最最有力量的一个图腾，也是最能代表当今中国的一个图腾。

　　人民币，就像是中国的图腾，有十三亿老百姓相信它，接受它，喜爱它，当它是安身立命之本。半个多世纪间，人民币沿着新中国的文明进程一路走来，不断衍变。它周围的人们对战争、危机和变革所持的态度，决定了它的设计，塑造了它的基因。它始终处于无穷无尽的变化之中，每一方图案、每一寸纸张、每一丝纤维，都浸染了中国人在历史中的悲愤、呐喊、激情、苦闷与喜悦。过往的这五套人民币，最终拼接起了一个我们共同走过的时代。

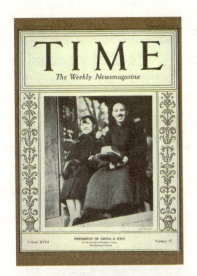

◎美国《时代周刊》封面《中国主席与他的夫人》

左图是 1931 年 10 月 26 日美国《时代周刊》的封面，标题为《中国主席与他的夫人》。不难分辨，这是蒋介石和宋美龄。蒋介石当时正担任南京国民政府的主席，此前在政治、军事和经济上的一系列建树，让他显得满面春风。他打赢了那场惊心动魄的"中原大战"，反对南京国民政府的军阀势力从此再也不敢与他为敌；他还与美、英、法、日等国的代表相继达成协议，把清政府拱手让出的海关自主权重新收回，这不仅恢复了中国的主权尊严，更缓解了南京国民政府的财政危机。

然而，中国的人民仍然在经受战争的摧残。中原大战刚刚打完，蒋介石旋即将枪口对准了江西井冈山的共产党部队。在短短一年时间里，他就向那里的根据地连续发动了三次"围剿"，但"围剿"未成，东北又燃战火。1931 年 9 月 18 日傍晚，日本关东军在沈阳炸毁铁路，制造事端，次日出兵占领了整个沈阳城，并继续向辽宁、吉林和黑龙江发起攻击，史称"九·一八事变"。

海关

依据本国（或地区）的法律、行政法规行使进出口监督管理职权的国家行政机关，依法对出入国境的一切商品和物品进行监督、检查并照章征收关税。1840 年鸦片战争后，中国逐渐丧失关税自主权、税款收支保管权等权利，海关长期被西方列强把持，成为其掠夺中国财富的一个重要工具。1949 年，中华人民共和国成立，人民政府接管海关，宣告受帝国主义控制的半殖民地海关历史结束，标志着社会主义性质海关的诞生。

◎九·一八事变

吴景平　复旦大学中国金融史研究中心主任：

1931 年的时候，中国无论是对内还是对外，经济、社会、政治上都有一些非常特殊的难题。20 世纪 20 年代末 30 年初的世界经济大萧条，对西方国家很快就产生了影响；而"九·一八事变"前后，它对中国经济实际的冲击也正在显现出来。就在这个时候，中国还遭受了非常严重的自然灾害。还有当时中国的货币制度处在改革的前夜，中国仍是银本位——银两和银元并行，且多家银行同时发行，不存在中央银行统一发行这样的问题。另外，国民党内部的政治危机也是比较严重的，蒋介石和胡汉民的直接冲突，就在"九·一八事变"前夕爆发，当时中央政府或者说国民党政权实际上处在一个分裂状态。

许树信　中国革命根据地货币史专家：

在国民党统治的时候，美国以及欧洲的一些银行也大量进来，据当时统计大概是有十一个到十二个银行进入了中国，它们的分支机构遍布中国，大概达到一百多个。这些银行的一些活动，实际上影响了我们民族资本主义的振兴。

武力　中国经济史学会副会长：

这个时段应该说是中华民族危机比较深重的时期。一个是民族矛盾逐渐上升，从"九·一八事变"到"一·二八事变"，再到"七七事变"，日本想灭亡中国，所以民族矛盾越来越尖锐，日本侵略中国的态势越来越严重。再有一个就是中国内部依然是半封建状态，国民党的独裁政权走向了反共反人民，违背了孙中山的三大政策，所以使国内的阶级矛盾也非常尖锐。

本位制度

宏观经济常用术语，指一国管理货币数量与品质的全套法律与习惯。由本位制度所规定的标准货币被称为本位货币。以黄金作为本位货币的货币制度为金本位，以白银作为本位货币的货币制度为银本位，同时规定黄金和白银为货币单位基础的本位为复本位。以国家发行的纸币作为本位货币的货币制度被称为纸币本位制，国家不规定纸币的含金量，也不允许纸币与贵金属兑换，将纸币作为主币流通，具有无限法偿能力。国家委托中央银行发行纸币的方式是通过信贷程序进行的，所以纸币实际上是一种信用货币。当今世界各国的货币制度，几乎都是纸币本位制。

苏智良　上海师范大学人文学院院长：

国内的工商业，开始停滞或者有所萧条。另外一方面就是国家的财政，由于收入的减少，军费支出的增加，也开始陷入危机。

随着东北三省沦陷、对日贸易萎缩、民众惊恐、消费低迷以及大量资金用于军事工业，中国经济出现了恐慌性动荡，老百姓的生活愈发困苦。国内政局依旧动荡，外部又有强敌虎视，中华民族处在一片内忧外患之中。

而国民政府下一步会采取怎样的行动，成为世人最大的疑问。

事实上，蒋介石早已有了答案，他在日记中写道："不先剿共、灭匪，则不能御侮。不先平内，则不能攘外。"相比于东北，那一小块统治薄弱的闽赣山区，始终让蒋介石更为不安。

◎印有列宁头像的苏币

这是当时出现在江西瑞金的一种全新的货币，人称"苏币"。它看上去十分粗糙，只是以红黑两种油墨印在土法制造的纸上，中间放着一位苏联人的肖像，他就是当时全世界无产阶级革命者的偶像——列宁。

1931年11月7日，恰逢苏联的十月革命节，在共产国际的指导下，一个被称为"中华苏维埃共和国"的红色政权在江西瑞金诞生了。他们召开了第一次全国代表大会，推选毛泽东同志出任国家主席，确定了最高政权机关，并建立起一整套行政、军事和司法机构。不仅如此，他们还成立了一个"国家银行"，开始独立发行这种无产阶级的货币——苏币。

王巍　中国金融博物馆理事长：

对于任何一个政权建立者，第一件事都是希望建立一个货币的主权区。首先，他会充分利用自己制造的货币，来推动所在地的经济增长，有了财富，才能去打仗，或实行一些政治管理；其次，建立了自己的主权货币之后，有一种信誉感、一种权威感。

刘良　瑞金市委党史办原主任：

苏维埃纸币的设计工作主要是黄亚光负责的。在设计这个纸币的时候，毛泽东谈了一个观点：要把我们苏维埃国家政权的性质反映出来。那么就纸币来讲，就是允许使用我们导师的头像，这样做也是为了防伪。这一时期有个很生动的故事，就是当时国民党制造了一些假的苏维埃纸币拿到苏区来进行破坏，制造货币的混乱。这个事情发生以后，毛泽民就进行了一番思考，怎么防伪？正好这个时候，他的老婆在织毛衣，突然毛线在灯火上烧了一下，出现了一股非常难闻的味道。毛泽民就突发奇想，赶紧找到了邓子恢（时任中华苏维埃共和国临时中央政府财政部长兼任代理土地部长），提出了一个设想，在我们造纸币的纸浆中掺上一些毛衣的料子。这样的话，要分辨真币假币，只要点一下，闻到有毛线味，那么就肯定是真的了，这是第一个防伪的措施。第二个措施就是当时在纸币左右两个角落用俄文写上了邓子恢和毛泽民的名字，是他们的亲笔笔迹，要仿制出来非常难。这两个防伪措施对于防止国民党制造苏维埃假币来影响我们的货币信用度起了很积极的作用。

严帆　赣南师范学院中央苏区研究中心研究员、特聘教授：

列宁头像是在一元和两角的纸币上出现的，把他的头像放进去，很有代表性，也是宣传马克思列宁主义的一种方式。当时的印刷是很简单的，就是石印，条件比较简陋，但是在防伪方面已经尽了最大努力。你看它的背面都有组合的集合型图文，比如列宁头像，还有一些苏维埃的标志性图案，做成很密、很细的图文，制作成版，也是一种防伪方式。

那么，建银行、发货币，这些工作对于中华苏维埃共和国来说究竟有多么重大的意义，与发展经济的关系又是怎样呢？

货币发行权

国家根据具体条件和需要，决定主币和辅币的面值、种类、数额和发行程序的特殊权力，是国家行使主权的一个方面，其他任何国家、地区和国际组织均不得横加干涉，否则将构成对国家主权的侵犯。每个国家都有权发行自己的货币，而且就一般情形而言，能否独立自主地发行货币是衡量一个国家是否真正独立的标志之一。在现代社会中，各国一般把货币发行权赋予中央银行。一般而言，货币发行权所涉及的地域范围仅限于国家主权范围。

甘末尔（Edwin W. Kemmerer）

近代货币数量学说的先驱，倡导现金交易数量说的主要代表人物之一。他和另一位美国经济学家费雪（Irving Fisher），先后提出了两个著名的交易方程式，其中甘末尔提出的方程式被称为"甘末尔的交易方程式"，著有《货币论》一书。

梁小民　北京工商大学经济学院教授：

对一个政权来说，只有有了自己的货币，经济才能独立。也只有经济独立了，这个政权才能存在下去。

潘连贵　中国人民银行上海总部《上海金融年鉴》编辑部副主任：

这个苏维埃政权发行货币，它的目的就是支持经济建设，冲破敌人的经济封锁，提高人民的生活水平。实际上，这也是开展对敌经济斗争的一个重要方面。

许树信　中国革命根据地货币史专家：

苏维埃国家银行，它的使命就是一方面支持红军作战，一方面支持苏维埃国家的经济发展、工农业发展，再有就是改善老百姓的生活。

在近百年的半殖民地半封建社会里，中国的货币一直是极度混乱的。美国经济学家甘末尔曾在给南京国民政府的咨询报告中无奈地写道："这里是乱七八糟一大堆铸币、重量单位和纸币凑成的大杂烩，中国的币制，是在任何一个重要国家里所仅见的最坏制

◎外国银行发行的货币

度。"当时，除了南京国民政府的银行在发行货币，外国银行通过各种途径也获得了货币发行权，很多华商银行甚至私人商号等也在擅自印制货币。全国范围内流通的货币不下几百种，它们形态各异、币值不一，老百姓难以辨别，有时不得不采用最原始的"以物易物"方式才能进行交易。

张鸣　中国人民大学政治学系教授：

1928 年国民党统一中国，当时中国的状况很糟，经济情况很差，因为各个军阀都在发行自己的货币，甚至还有军区的军券以及外国货币。银元也有很多种，有龙洋，有鹰洋，也有袁大头。

吴景平　复旦大学中国金融史研究中心主任：

为什么要有货币呢？就是因为它只能有一种标准，它可以用这个唯一的标准去衡量所有的商品。

贺水金　上海社会科学院经济研究所研究员：

当时整个中国的货币状况，可以说是紊乱。我把它的特征概括为五个方面：第一是本位不明，主辅币不清；第二是传统型货币和近代型货币并存；第三是中央政府发行的货币与非官方发行的货币并存；第四是本国货币和外国货币并存；第五是货币流通的区域性以及区域流通的多样性并存。整个近代都没有形成全国统一的市场，因为货币不统一，所以对商品经济的发展也是非常不利的。

货币混乱的局面，同样制约着这块中央根据地经济的发展，革命者迫切需要建立起一套独立自主并且统一有效的货币体系。但他们并没有任何经验。苏维埃的国家银行几乎是世界上最小的中央银行，只有临时拼凑的五名员工，大家连银行怎么记账都不太清楚，对国家货币的管理更是无从谈起，一切只能靠自己摸索。

张弛　中国人民银行旧址纪念馆暨河北省钱币博物馆原馆长：

在苏币发行以后就规定，其他货币不允许在苏区内流通。比如说，国民党的货币就要兑换成苏币，这样使苏区的货币相对来讲更加统一，使苏区的经济根基更加稳固。

◎中华苏维埃共和国国家银行旧址

叶永烈　作家：

工作人员跟军队所发的工资都是这种苏币，然后拿着苏币来买东西。也就是在 21
个县这么一个范围里头，开始流通了。

在掌握了货币发行权后，国家银行也开始尝试对农民和手工业者发放低息或者无
息贷款，如种子贷款、耕牛贷款、肥料贷款等，进一步促进了工农业生产。通过发行
统一的货币不仅盘活了根据地的经济，革命者也获得了实质上的支持。

吴景平　复旦大学中国金融史研究中心主任：

一个相对独立的政权，很难设想它没有自己的金融机构，若没有自己货币的话，
这个政权势必在金融、银行、货币上受制于他种势力。他们是要长期地、久远地来对
一方有关的地区承担起他们的责任。我想这对民心的稳定和正常社会的预期的确立和
维系，都是非常重要的。

张弛　中国人民银行旧址纪念馆暨河北省钱币博物馆原馆长：

当地的经济发展了以后，税收又增加了，财政收入也增加了许多，这对政权巩固
也起到了非常重要的作用。

钟祥财　上海社会科学院经济研究所研究员：

它基本上解决了有限的经济保障和商品物资的流通，包括在苏区各个经济单位之间、各个经济主体之间的一种权益交换，老百姓也感到比较踏实。它得到老百姓的拥戴，没有造成财富分配的巨大失衡、变动甚至剥夺。

但共产党在中央根据地的货币实践才刚开始没多久，南京国民政府就开始大军压境。第四次"围剿"时，蒋介石动用 40 万大军；而到了第五次"围剿"，集结的部队多达 50 万之众，是中央红军的 5 倍以上。共产党在货币管理方面的不成熟也很快暴露出了致命的问题。为了支撑前线的开销，苏维埃的国家银行发行了大量苏币，一年半的时间里，苏币发行量就迅速膨胀近 10 倍，货币急剧贬值，根据地物价飞涨，民众逐渐失去了对苏维埃的信心。1934 年 10 月，在第五次反"围剿"失败后，国家银行的员工们不得不挑着所剩无几的金银珠宝、纸币原料和印钞机，随军踏上茫茫长征之路。

苏币在中央根据地短短三年的生命历程，给中国共产党留下了深刻的教训。即便是在反"围剿"几近失败之时，中华苏维埃第二次全国代表大会《关于苏维埃经济建设的决议》也毅然作出了这样的反省："苏维埃政府对于纸币的发行应该极端的审慎。纸币的发行如超过市场所需要的定额，必然会使纸币跌价，会使物价腾贵，使工农生活恶化起来，以致影响到工农的联合。"

许树信　中国革命根据地货币史专家：

苏维埃国家银行的货币发行有三个阶段。1932 年 7 月开始到年底，这个阶段是能保证兑现的，货币币值是稳定的，也是受到人民拥护的。1933 年 1 月到 8 月，这个阶段由于财政支出过大，货币发行过多，就不能够保证十足的兑现，甚至出现了一些停兑的现象。第一阶段的发行量是有 65 万多，而第二阶段的发行量则达到了 200 万。到 1934 年 10 月，这第三阶段已经不能够完全保证兑换了，所以就停兑了，发行量太大，达到 800 万，原因主要在于财政支出过大。

严帆　赣南师范学院中央苏区研究中心研究员、特聘教授：

一旦你超越这个模式、这种规律，违背它的基本规律，就会造成货币贬值。苏维埃的纸币发行量，超过了它原来的铺底资金，超过两倍、三倍、四倍。但当时没办法，红军需要打仗，需要去采购物资，各个政府机关还有社会事业、经济建设等方面，也

◎孔祥熙

法币改革

1935 年 11 月 3 日，南京国民政府颁布《民国廿四年十一月实施新货币政策命令及章程》，开始在全国实行法币改革。法币改革的主要内容有：一、集中钞票发行权。宣布"自本年 11 月 4 日起，以中央、中国、交通三银行所发行之钞票为法币"。规定其他银行不再享有发行权，其正在流通的纸币逐渐收回，停止使用。二、规定法币是"无限法偿货币"，国内"所有完粮纳税，及一切公私款项之收付，概以法币为限，不再行使现金，凡银钱行号、公私机关或个人持有银币生银等类者，应即兑换法币使用"。三、废除银本位制。全部白银收归国有以充作法币准备金，"如有故存隐匿，意图偷漏者，应准照危害民国紧急治罪法惩治"。四、规定法币不予兑现，但可在指定金融机关无限制买卖外汇，法币与英镑实行固定汇价。

需要资金。救急的方法，只能是先发纸币。

1940 年 3 月 26 日，一架飞机降落在重庆珊瑚坝机场。在 67 岁的南洋华侨总会主席陈嘉庚的率领下，50 位爱国华侨冒着飞机被日军击落的危险回国慰问考察。自 1937 年日本全面侵华以来，南京国民政府被迫从南京迁都到重庆。当时，来自华侨的捐献是除美国援助之外最重要的外来经济支持。

但华侨们对此次重庆考察无比失望。在《南侨回忆录》中，陈嘉庚不禁愤怒地斥责："那些国民党中央委员，都是身居要职，但都假公济私，贪污舞弊，生活奢华。……国家前途深可忧虑。"一个令陈嘉庚无法接受的事实是，当时他们下榻的嘉陵宾馆号称全重庆最豪华的宾馆，竟是财政部长兼中央银行总裁孔祥熙的私人资产。

陈嘉庚见到的只是冰山一角。五年前的冬天，孔祥熙主持了南京国民政府的货币改革，全国的货币被统一为法币，货币发行权则收归中央银行、中国银行和交通银行三家所有。在这场改革启动两个月后，孔祥熙又匆匆宣布新增第四家印钞银行——中国农民银行。大多数人并不知道，这家银行的实际控制者其实正是蒋介石本人，而中国银行和交通银行也并非通常意义上的"政府"银行，因为它们的大量股票也被私人投资者牢牢掌握着。

叶永烈　作家：

法币的诞生，有其进步意义，统一了全国的货币。当时各个军阀、各个省都搞一套自己的货币，那是非常混乱的，它（法币）毕竟还是统一了中国的货币，从经济上来说这是很重要的一件事情。

潘连贵　中国人民银行上海总部《上海金融年鉴》编辑部副主任：

法币改革废除了银本位制度，使中国摆脱了1934年到1935年发生的经济危机。在抗日战争时期，统一的币制，也起到了对抗日伪货币的作用。但实际上法币的基础是很不稳固的，它是不兑现纸币，要靠信用来维持，实际上为日后的通货膨胀埋下了伏笔。

钟祥财　上海社会科学院经济研究所研究员：

法币改革本身有一些制度上的先天性缺陷，它把货币的发行权和政府直接挂钩，在制度的设计上是有一些问题的，就是为政府垄断货币发行权，并且通过这种货币发行权谋取财政利益，留下了一个口子。

吴晓波　著名财经作家：

到1945年战争结束的时候，在中国地区有两种货币，在汪伪政权地区流通的叫"中储券"，另外就是法币，后来在"中储券"和法币之间进行了一次货币兑换。因为"中储券"所控制的地区是中国的东北地区、华北地区、华东地区、华南地区，这些是中国最富裕的地区，这一带的老百姓都用"中储券"，在兑换的过程中发生了"中储券"的大量贬值。当时是按市场上的粮食来兑换，大概是一比五十左右，后来兑换到一比两百。所以那次的法币和"中储券"的兑值，造成了中国沿海地区，从东北到华南地区一半以上的老百姓破产。

◎中央银行壹萬圓法币

◎中国银行壹圆法币

◎中国银行伍圆法币

◎交通银行壹百圆法币

◎中国农民银行伍圆法币

◎中国农民银行伍佰圆法币

对南京国民政府倍感失望的陈嘉庚把目光投向了中国的西北部。1940 年 5 月，他辗转来到陕甘宁边区。这里是当年红军长征的终点，土地贫瘠，人口还不到全国的千分之五。但延安简陋的窑洞、清淡的欢迎晚宴以及简单原始的经济关系，却让陈嘉庚恍如置身于另一个世界。他用自己的笔触真实地记录了这里的情况："官吏如贪污五十元者革职，五百元者当枪毙。"回到新加坡后，陈嘉庚公开赞誉共产党，"其领袖及一般公务员，勤俭诚朴，吃苦耐劳"，随即发动华商捐献了一大批医疗用品运往延安。国民党的腐败，恰恰成了共产党崛起的一个重要的政治资本。

◎著名爱国华侨领袖陈嘉庚

◎《南侨回忆录》

杜导正　《光明日报》原总编辑，1937 年加入中国共产党：

那时候共产党的大小干部根本不敢脱离群众，脱离群众不是个不能耀武扬威的问题，而是一个不能生存的问题。那时候，老百姓是上帝，我们是仆人。非常地现实，我们离开老百姓的话，就不能存在。

刘吉　中国社会科学院原副院长：

任何执政党都要反映民心的要求，老百姓要求什么，你就要去实现它。不同时期的老百姓的要求，就是不同历史时期民族的任务、国家的使命。因此执政党、领导党就应该去完成它。完成了，人民就拥护它，它的政权就会巩固，长治久安。人民选择共产党，是因为你领导人民解放生产力，发展生产力，领导人民从苦难走向幸福。

在陈嘉庚冒险前来考察的 1940 年，国共两党已经结成抗日民族统一战线，双方约定，中共中央所在的陕甘宁边区政府归属南京国民政府管辖，名义上算是个特区政府，中央红军也改编为八路军。每月，南京国民政府向陕甘宁边区拨款63万元法币作为经费。在国共两党签订的协议中，还有这样一条规定："边区严禁发行货币，唯一合法货币是国民党发行的法币。"

到1941年初，国共两党的合作破裂。南京国民政府公开对陕甘宁边区采取"封锁"和"围困"政策，彻底断绝财政拨款、外来援助以及贸易往来，放言要"饿死八路军，困死八路军"。被逼入绝境的边区政府只能再次拿起货币这个重要的武器。

下图是当时边区银行独立发行的边币，边区民众被要求把所持法币一律兑换成边币使用，边区禁止法币流通。但新的问题出现了，由于前两年边币发行过快，贬值迅速，致使边区通货膨胀的程度超过了国统区，因此陕甘宁的150万老百姓并不情愿接受边币，很多地方甚至拒用边币。1941年夏天，边区物价发生了大动荡，这让边币的推广更加步履维艰。

通货膨胀

一种货币现象，指在纸币流通条件下，因货币供给大于货币实际需求，也即现实购买力大于产出供给，导致货币贬值，而引起的一段时间内物价持续而普遍地上涨的现象。纸币、含金量低的铸币、信用货币的过度发行都会导致通胀。衡量通货膨胀率的价格指数一般有三种：消费价格指数、生产者价格指数、国内生产总值价格折算指数。恶性通货膨胀会使国民经济受到灾难性的打击。

◎陕甘宁边币

武力　中国经济史学会副会长：

关于边币的发行量当时是有不同意见的，其中一个是主张通过发行货币来弥补财政的不足。但是发行过多就会影响整个边区的经济。

张跃群　上海造币有限公司高级经济师：

边币的过量发行带来的利益是建立在损害老百姓的利益之上的。因为我们的军队、我们的政府是建立在人民的基础之上，损害人民的利益，实际上就是损害自身的利益。

许树信　中国革命根据地货币史专家：

有些人主张大量发行，有些人主张不能大量发行，而且还要紧缩。大家争论了好多，吸取了过去在苏区的一些经验，根据实际情况适当调整，调整发行的比例。货币发行有一定的容纳量，如果货币发行的数量超过了容纳量，那么就会出现通货膨胀。货币市场的容纳量取决于什么？取决于经济的发展，取决于市场物资的供应，物资的供应多了，它的容纳量就高，就可以发行更多货币。

中华苏维埃共和国发钞的失败教训此时还历历在目。毛泽东如此告诫他的干部：欺骗性的财政和增加对陕甘宁人民的需索均非长久之计，"我们必须给老百姓看得见的物质福利……在陕甘宁目前的条件下，我们所能做到的是组织、领导和帮助人民发展生产，增加他们的物质财富，而且只有在此基础之上，我们才能一步一步提高他们的政治觉悟和文化水平。"

迫于封锁的压力，边区开始主张自力更生，发展经济。从1940年开始，边区的粮食产量逐年递增，到1944年几乎增加了40%，同时棉花、家畜、纺织品的产量也在增加。这些物资成为边币购买力的支撑，群众拿着边币能够买到实实在在的物资，边币的币值这才渐趋稳定下来。

许树信　中国革命根据地货币史专家：

那时候提出了"自己动手，丰衣足食"等口号，所以就有了南泥湾开荒等一些事迹，这些都是靠自力更生逐渐搞起来的。

◎民间市场贸易

◎南泥湾开荒

吴景平　复旦大学中国金融史研究中心主任：

为了打破这种封锁，当时边区的政府、共产党主要采取了以下措施。第一就是反封锁，尽量和周边地区、外部地区，恢复正常的经济往来，一些边区自己不能生产的物品、货品，包括药品等，一定要打破封锁来获得；另外就是要全面地发展根据地自己的经济，在手工业、轻工业和其他一些方面，自力更生，自给自足。

罗平汉　中央党校党史教研部教授：

当时的经济政策是挺多的，比如说减租减息，奖励生产，合理负担。所谓合理负担，实际上就是要使战争的负担更多地由原来的地主、富农来承担，因为相对来讲他们的经济实力要远远超过一般的农民；减租减息的目的当然还是为了发展生产，调动人民的积极性。同时奖励生产，而且当时明确地提出，鼓励成为新式富农，应当讲根据地有很多关于发展生产的措施。后来在困难的时候军队也参与了生产运动，在一定程度上减轻了根据地群众的负担。

在边币艰难求生之际，南京国民政府的法币却开始显露出败象。

在持续多年的抗日战争中，南京国民政府丧失了30%的国土、40%的农业生产能力和92%的工业生产能力，来自沿海城市的关税、盐税与商品税也几近枯竭，但军费却还在大幅度上升，这让南京国民政府的财政陷入了空前的困境。时任财政部长的孔祥熙无计可施，只有不停地开动印钞机，通货膨胀爆发。

吴景平　复旦大学中国金融史研究中心主任：

在商品层面来说，供应是严重的不足，这就反映在像粮食、棉织品、燃料等人民的基本生活用品的物价急剧上升，同时以这些为基本原料的产品，其市场价格都是失控的。还有一个问题，法币和它的汇率也是严重失控。国民党统治区的广大民众深受通货膨胀之害，几乎没有一个人、一个家庭可以幸免，可以说是几代人，或者是几十年努力奋斗的积蓄，在一夜之间就变成了废纸。

从 1943 年起，国统区的通货膨胀率开始明显超过共产党管理的边区；到抗战后期，法币发行量已达战前的 730 倍，原本可以用来买一头牛的钱，此时连半条鱼都买不到，法币渐失民心。一家成都的报纸《华西日报》曾用社论犀利地表达了民众的心情："人民生活日益悲惨绝望。尽管国困民贫，一小撮贪污腐化分子却愈益富有，生活愈益奢华。这种腐败现象，已使民气士气低落，几至于殆尽。"

而在国民党统治的薄弱之处以及日军战线之后的广阔农村，共产党的 19 块根据地陆续在 14 个省份发行了超过 250 种区域性货币，覆盖了全国近 1/4 的人口。与信用急剧下降的法币相比，这些新生货币有物资作为支撑，购买力相对更为稳定，因此民心渐拢。

孙立坚　复旦大学经济学院副院长：

国民党在战争的过程当中，完全忽视了经济合理的运行机制，最大的问题出现了，就是严重的通货膨胀，整个社会民不聊生。很多老百姓自愿支持我们的解放军，要推翻这样一个不顾人民利益，只顾自己的军饷，只想到自己的战争的政府。在货币上面的超发，就是在掠夺老百姓的财富。国民党在管理货币上造成的通货膨胀、民不聊生，实际上严重地影响到了货币背后的政府的威信。

1946 年，位于长江口的上海一直很不太平，平均每天都要发生近 5 起罢工和劳资争议。日本入侵者早已投降，既然不是对外的民族矛盾，那为什么上海的工人阶层会如此躁动不安呢？

问题还是与货币有关。这年夏天，中

◎法币贬值

国历史上一场规模空前的内战燃起了烽火。当年，南京国民政府用以内战的军费高达 7 万亿元，但财政收入却只有 2.2 万亿元。为了填补巨额财政赤字，财政部下辖的所有印钞厂几乎都是日夜开工，一年内又发行了两三倍的法币。城市里的工人、教师、作家、记者以及政府公务员，都被飞涨的物价和贬值的货币激起怨恨。《大公报》刊载的《中国时局前途的三个去向》一文中感叹道："国家的财政又一面倒地靠通货膨胀。物价狂涨，工资奇昂，人民憔悴，工业窒息，独独发了官僚资本与买办阶级。政府天天在饮鸩止渴，人民天天在挣扎呻吟，如此下去，则洪水到来，经济崩溃，已经不是太意外的事了。"

1947 年 2 月，南京国民政府行政院长宋子文因无力改善国统区的财政经济，黯然辞职。而几乎就在同时，延安的中共中央领导人开始安排人手梳理各解放区的经济工作，他们的目标是两个字——统一。

戴志强　中国钱币博物馆原馆长：

当时边区与边区之间，根据地与根据地之间都是独立的——它们只能是相对独立的，因为一些交通要道，还都是受国民党控制，由他们的军队控制着，所以相互之间联络很困难，只能是一个根据地、一个根据地，一个边区、一个边区，自己独立开展生产建设，独立发行自己的货币。

李金铮　南开大学历史学院教授：

1947 年 11 月，解放石家庄是一个转折，华北的几个解放区连成一片了，就是晋察冀、晋冀鲁豫、晋绥连成一片，以后货币的发行，就开始出现新的形式。

何平　中国人民大学财政金融学院副院长：

在决战阶段，各个地方基本上连成一片了，原来分散的那种独立的货币和金融活动就表现出不适于军事和政治形势的发展，多种货币的存在就不利于各地的经济交往，所以原来这种割据式的优势，随着革命形势和军事形势的变化，它的弱点就暴露出来了。

经济与政治、军事同等重要。中共中央书记处书记任弼时再次向干部们强调："发展解放区经济是全党当前一个极为重大的任务……经济战线上的无能与失败则将导致

◎宋子文

政治上、军事上的失败。全党必须进行经济建设的思想教育，要使党内许多有能力的干部转入经济建设和斗争的战线上去。"

1947年3月，由刘少奇、朱德和董必武组成的中共中央工作委员会从延安出发，前去主持华北的经济、政治和军事工作。西北和华东的战事依然紧张，但国民党军队在华北已由攻转守。此时，在中共中央的要求下，华北、华东、西北等五大解放区的财经要员齐聚河北邯郸，召开华北财经会议。会议中，各种因财政、货币不统一产生的问题在代表们的坦诚发言中一一暴露。

邓加荣　《南汉宸传》作者：

在全国解放之前没有统一的货币，各解放区都使用本地区的货币，那时候我们的解放区大概有十七八个，意味着也就有十七八种货币，比如说晋察冀边区使用边币，晋冀鲁豫使用冀南币，山东解放区使用北海币，东北解放区使用东北九省流通券，晋绥和陕甘宁边区使用农民币。这些货币离开本地区就不可以使用，互相之间也不能兑换和交换。

迟爱萍　中共中央文献研究室研究员：

1947年10月，当时的华北财经办的副主任杨立三，首先提出了各大解放区财政要统一管理。1947年12月董必武向毛泽东汇报，他考虑当时要实行财经统一是肯定的，这是必然的趋势，他觉得统一货币，要分几步，不能一步到位，当时他考虑了有五个步骤。第一个步骤就是要建立统一的银行；第二步就是先少量地发行统一货币，试着制定和各大解放区货币的兑换比例；第三步就是要增发统一的货币；第四步是开始收回各地货币；第五步是彻底禁用其他的解放区货币。

王松奇　中国社会科学院金融研究所副所长：

为了军饷、军需购买需要，统一货币是非常必要的，这可以简化各种复杂的兑换。货币是一个尺度，只有尺度统一了，才能买卖，简化了很多烦琐程序。

武力　中国经济史学会副会长：

1947 年华北财经会议提出来财经统一问题，包括货币统一问题，是因为中国革命、中国战争发生了一个重大的转折。战略反攻开始以后，华北的解放区大部分连成了一片，这就为货币的统一、各解放区之间货币的流通提供了一个客观的条件。

华北财经会议之后，由董必武领导的华北财经办事处开始运转。董必武是中国共产党的创始人之一，在党内有很高的威望。按照他的部署，东北、华北、西北、中原、华西、华南等解放区的货币都先各自统一为一种主要货币，各区的主要货币再按照固定比价相互实现兑换和流通；当年 9 月，中共中央东北局收到董必武发来的电报，请他们向苏联代买一大批印钞纸，并协助代印未来要用以统一的货币；10 月，董必武致电中共中央，建议成立全解放区统一的银行。行名最终经中央同意，确定为"中国人民银行"。

邓加荣　《南汉宸传》作者：

当时由董老起草，电报是这么说的："已派南汉宸（时任华北财经办事处副主任、中国人民银行筹备处主任，后任中国人民银行第一任行长）赴渤海找张、邓商议建立银行的具体办法。银行的名称，拟定为'中国人民银行'。是否可以，请考虑示遵。名称希望早定，印钞时要用，工委已同意。"他的意思就是说已经找了邓子恢（时任中共中央华中分局书记兼华中军区政委）和张鼎丞商量了这事，认为可行，需要赶紧，银行名字叫"中国人民银行"，希望中央赶紧定下来。为什么要赶紧定下来？因为印钞票就要用银行的名字，并且印钞票可不是一件简单的事情，起码刻版、印字什么都要准备，不是三两天的事，别的方面尽管不成熟，银行名字还是希望能够早定下来。1947 年年底，这时候主席就说，要不恩来同志你给发一个具体的电报，就是告诉要做好哪方面的准备工作，提醒他们怎么做，另外筹备工作需要加强。不久，华北局就接到了中央的一个电报，最后中央的意见是："目前建立统一的银行是否过早一点？进行准备工作是必要的，至于银行名称，可用'中国人民银行'。"

张弛 中国人民银行旧址纪念馆暨河北省钱币博物馆原馆长：

（银行的名称）叫联合银行，或者是叫解放银行，好像都有临时性的意味。叫中央银行，国民党已经有个中央银行了，叫别的都不合适，于是就想到了"中国人民银行"。这表明它是人民的银行，又可以与国民党的中央银行区别开来，还是这个名称比较好。

张跃群 上海造币有限公司高级经济师：

我们的中国人民银行比共和国早成立，这在世界史上也是少有的，一般都是先有政权再有国家银行，为什么？这是一个很特殊也很有意义的问题，也值得我们去思考。确实我们中国共产党，尤其是党中央，把货币的需要放在了很重要的地位上。而最终起到的作用，也是我们所看到的，它帮助共产党赢得了战争，赢得了人民，也最终在中国树立了它的威信和威望。

孙立坚 复旦大学经济学院副院长：

以前的货币可能更多的是强调一个国家的货币，强调是为政府服务的货币。而人民币从诞生那天开始，中国政府就特别地强调，这是一个为人民服务的政府，所以我们今天的人民币，实际上是人民能够安心使用的货币，是能够给人民带来财富的货币。

季卫东 上海交通大学凯原法学院院长：

主权在民，以人民的名义来命名这个货币，实际上是对中国传统上曾经存在的，把铸造货币的特权作为税源的这样一种所谓君主金库主义，提出的抗议，表达了一种完全不同的理念。

与此同时，南京国民政府还在准备最后一搏。1948年夏天，国统区的财政经济已陷入全面崩溃的绝境。法币三年间的发行量猛增1180倍，几乎沦为一张废纸，其纸张购买费和印刷费甚至远远超过了钞票所印的价值。有国民党高级官员惊呼道："中国已面临着经济最大危机的关头，若不设法抢救，恐将因金融的破产使政治崩溃。"

8月19日，国民党启动了一场激进的金圆券改革。国民政府以总统名义颁布《财政经济紧急处分令》，规定"自即日起以金圆为本位币，十足准备发行金圆券，限期收

◎中央银行壹圆金券

◎中央银行伍拾圆金券

◎中央银行伍圆金券

◎ 中 央 银 行 壹 百 圆 金 券

兑法币及东北流通券；限期收兑人民所有的黄金、白银、银币及外国币券，逾期任何人不得持有……"但在短短七十天后，这场经济改革再遭全盘惨败。

吴景平　复旦大学中国金融史研究中心主任：

金圆券的改革本来是为了挽救已经破产的法币，但是，其改革方案与法币的那些弊端，并没有本质的区别。到了1948年的8月，法币为金圆券收兑的时候是300万元的法币才折合1元的金圆券，一个大体的统计数字是说法币比抗战初期多发行了上万亿，大概是3万亿至4万亿倍。可以说货币完全破产，人们持有货币却买不到东西，整个社会经济紊乱。金圆券改革在出台的时候，名义上规定金圆券是和黄金相连，和美元挂钩。可是实际上它又推行了另一个政策，就是强制性地收兑民间的金银外汇、外币，这两个政策本身是相矛盾的。也就是说通过金圆券的发行，它又把民间大量的金银外汇集中到国民党政权手中。而这些金银外汇的相当大部分在国民党撤出大陆、败退台湾的过程中，被大量地运往台湾（主要是金银），储存到国外的银行中去（主要是外汇），这也是为什么留在大陆的高达60多万亿的金圆券会成为一堆废纸，因为它的准备金大部分都被运走了。

吴晓波　著名财经作家：

当时的情况可以这样打个比方：如果你去一个上海的小店里吃馄饨，你坐下来的时候是一个价格，你吃到一半的时候老板已经把价格修改了。然后如果你要买一包火柴，你要捧很大的一捧钱去买，才能买到。

丁一凡　国务院发展研究中心世界发展研究所副所长：

蒋经国推出的金圆券是以黄金、美元、硬通货为抵押来发行的货币，本来应该是靠这些东西来稳定货币的，但是发行了之后，马上就失败了，因为它跟旧货币之间总有一个汇兑比例，很多人就可以拿这个作为一种投机的引子。所以当时虽然蒋经国雄心勃勃，想搞一个货币改革，但是宋家都是想赚钱的，想利用这个机会拼命赚钱，所以最后这次货币改革搞得一塌糊涂。某种程度上就是因为国民党政府内部的腐败把事情搞糟了，然后货币改革没有成功。

王巍　中国金融博物馆理事长：

金圆券实际上是另一种法币，只是它希望避免法币当年那种覆灭的下场、恶性通货膨胀的下场，但最后由于它整个制度已经垮了，就是国民党的组织制度、军事制度、政治制度全面崩盘，所以金圆券也变成了一个笑话，大概不到一年，金圆券就完了。

原本还支持南京国民政府的城市民众彻底失去了对国民党统治能力的信任，与此同时，决定国共胜负的三场大决战陆续打响。辽沈战役历经一个半月即告结束，东北全境解放；四天后，淮海战役拉开大幕；很快，北平和天津也被包围，解放在即。人民币统一各解放区货币的时机终于到了。

◎蒋经国

◎第一张人民币

在平津战役打响的第三天，即 1948 年 12 月 1 日，时任华北人民政府主席的董必武发布金字第四号布告，华北银行、山东的北海银行与西北农民银行合并为中国人民银行，当天即发行人民币。

这是世人见到的第一张人民币。它的横眉是楷书"中国人民银行"，出自董必武之手。董必武是前清秀才，自辛亥以来参加革命已近 40 载，当年他特意按照中国人的传统习俗，沐浴更衣后才静心恭写下这来之不易的六个字。

邓加荣 《南汉宸传》作者：

董老有一天跟他夫人何莲芝说："莲芝，今天你就给我准备一套新的衬衣，我写完之后要换下来，沐浴更衣，我要进行恭写"。那天洗完澡之后他果然就要坐下来写，他那夫人问写什么，"这可是大事，我写'中国人民银行'，给人民币用"。

另外，这张人民币的主图景并没有按照中外钞票设计的惯例，印制开国领袖的头像。这一点，时任中国人民银行总经理的南汉宸曾经向董必武提出过，但最终却被毛泽东拒绝了。

邓加荣 《南汉宸传》作者：

董老跟南汉宸讲，说你设计的这些钞票看过了，看过之后，中央，特别是毛主席，说上面不要印他的头像，因为他说："钞票是政府发行的，不是党发行的，我是党的主席，还不是政府主席。"

取代开国领袖头像登上第一套人民币的是人民的形象。虽然当时新中国尚未成立，票面上没有国徽，下方印的也还是中华民国的纪年，但所谓"得民心者得天下"，这样一套看似并不完美的人民币，从此伴随解放大军攻入平津，占领了一座又一座城市，进入一个又一个村庄，成为老百姓更愿意接受的新生货币。二十几年前的点点星火，终成燎原之势。而南京国民政府发行的金圆券，此时正随着政权的败退陷入恶性通货膨胀的泥潭，一年内，其最高面额从 100 元很快攀升到 100 万元，变得一文不值，被人民抛弃。

1948 年 12 月 7 日，《人民日报》发表社论，郑重指出人民币的发行与国民党所推行的币制改革有天壤之别，不是为了"残酷地掠夺人民"，"而是为了使我们的货币制度

◎南京国民政府中央银行伍佰萬圓金圆券

更简单、更巩固；是为了更便利于物资交流和经济发展；完全是从人民的利益出发的。"
1949 年 1 月 13 日，中国人民银行总经理南汉宸也通过《人民日报》发表谈话，表示"人民政府不但对人民银行新币负责，而且对一切解放区银行过去所发行的地方货币负责"。为了照顾持有金圆券民众的利益，人民政府还作出决定，以人民币收兑金圆券。

吴念鲁　中国国际金融学会副会长：

中国人民银行的成立和人民币的发行，为新中国的成立在物质上打下了一个非常好的基础。为什么呢？因为它可以让边区的财力、物力更好地交易，更好地集中起来。同时，人民币的发行也为新中国成立以后的金融改造和经济建设打下了一个非常好的基础。

钟祥财　上海社会科学院经济研究所研究员：

人民币就是国家经济的一张名片，购买力的稳定，老百姓对它的信任，流动区域的广袤，都是新生的政权、新的经济形态的象征，所以它的意义是很重大的。

曹耘山　毛泽民外孙：

1948 年成立中国人民银行，发行了人民币，这实际上是我们共产党历史发展的一个很重要的阶段。什么阶段？就是我们开始掌握国家政权了，开始掌握全国的政权了。根据过去的经验，掌握了政权必须有相应的经济和社会的责任，必须把人民币给发行好。这实际上是一个必然，是一个历史的必然，也是历史上非常重大的一次飞跃。

吴景平　复旦大学中国金融史研究中心主任：

人民币所起的作用完全不逊于人民解放军在战场上对旧的反动军队的打击。它是在经济领域、在货币领域，要建立起一种新的秩序、新的价值的体现物。

王松奇　中国社会科学院金融研究所副所长：

人民币的诞生，本身就是中国历史上一个标志性的事件，人民当家做主的政权成立了，这个货币也体现了人民当家做主的特征。

自 1948 年人民币诞生后，中国人民终于告别乱世，可以借助一种可信的货币重建一个全新的国家。这是新中国经济建设的一个全新原点，它改变了国家的命运，也改变了每一个中国人的生命走向。在此后半个多世纪的和平年代里，这一套套人民币将经历怎样的起伏？它们的身上，还凝聚着哪些深刻的记忆、教训与反思，在等待人们的挖掘？

独家访谈
EXCLUSIVE INTERVIEW

在革命年代，经济、政治、军事这三者之间到底是怎样一种关系？过去我们看到更多的是大家对军事和政治方面的一些研究，那么经济对于革命而言究竟有多重要呢？

罗平汉　中央党校党史教研部教授：

以往我们的研究当中，可能更多的是在研究政治史、军事史，而对于革命根据地的经济建设史的研究相对比较薄弱。其实，这三者之间特别是经济和军事之间同等重要。所以，我们建立革命根据地以后，实际上是非常重视经济工作的。可能在我们以往的研究过程当中，对这个问题重视不够，但这并不表示经济问题不重要，而是我们研究不够。可能一般的读者或者一般的观众更喜欢看的是那种宏大的战争场面，而不是细微的经济建设。而要研究经济建设的历史，想出宏大场面是相当难的。这并不等于说过去我们没有城市经济建设，根据地建立以后，我们筹措经费很大程度上是靠自身建设的。建立税收制度，建立银行制度，实际上这些制度在根据地是比较完善的。

革命者也罢，他守业的钱也是要有基本经济来源的。说得更加坦率一点，首先得解决吃饭、穿衣问题，没有这两项的话，革命无法进行。而且革命本身的目的不也就是让人民群众更好地吃饭、更好地穿衣、更好地生活吗？生活肯定是和经济联系在一起的。

解放战争为什么能够胜利？老百姓其实疲倦了，你共产党到底给我多少利益，更直白地讲，给我多少好处。这个好处或者利益是两方面的，第一是经济利益，第二是政治权利。经济利益的话，我们过去一系列的相关土地政策，实际上都是从根本上来解决农民经济利益问题的。然后，在根据地推行深入的民主选举，这点实际上是政治权利。这个利益是两个方面的，既有政治权利，也有经济利益在里面，二者缺一不可。所谓的翻身解放，那不是很抽象的吗？人还是那些人，地还是那些地，天也还是那个天，但他为什么心情不一样？所谓翻身解放是指心理感受，这种心理感受来自于哪里？来自于一方面经济地位提高了，或者说经济生活改善了；另一方面是政治地位提高了，就是赋予他一定的政治权利了。

南京国民政府的通货膨胀经历了怎样的过程？给老百姓造成了怎样的灾难？

温铁军　中国人民大学可持续发展高等研究院执行院长：

1937 年日本侵华战争全面打响之后，中国就进入了全面通胀。这个全面通胀一直持续了 12 年，直到 1949 年，甚至 1950 年。

通胀到什么程度？以地方发行的货币来看，最大的面额是 60 亿元，60 亿元等值于多少金圆券呢？1948 年国民党政府改行金圆券的时候，60 亿元等值于 1 万元金圆券。可想而知，货币滥发到了何种程度，严重通货膨胀下的币值是多么的空虚！

1948 年改行金圆券的时候，并没有解决通货膨胀的危机，国民党政府在大陆执政时期的这场金融灾难，由法币转化为了金圆券的灾难。金圆券借了 4800 万美元作为基础来发行，4 个月垮掉。垮掉的结果是 1948 年年末到 1949 年年初这个阶段，国民党出现了严重的财政金融崩溃。财政金融崩溃就意味着没法再支付军费，也就不可能再维持国家政权，于是摧枯拉朽一般，因现代币制的彻底解体而导致了南京国民政府先亡于现代货币经济，后亡于现代军事政治。

因此，早期的现代货币制度，在中国的多种复杂因素作用之下，是一场长达十几年的灾难。

从苏币到边币，最后到人民币，它整个的诞生、发展历程，跟南京国民政府的法币、金圆券的历程是怎么样的一种发展对比呢？

丁一凡　国务院发展研究中心世界发展研究所副所长：

当时各发各的货币，解放区的货币到后来明显越来越稳定，因为解放区的货币是有抵押的。当时的实物抵押非常充分，不滥发货币，主要是政府管理重在管理财政，也就是说不会有特别多的债务，所以不需要用货币去冲财政和债务。而在国统区，因为国民党的财政保不住，有一个很大的窟窿，所以就靠不断发货币来冲财政债务。结果到最后，国民党的法币就一塌糊涂了，通货膨胀得一塌糊涂，法币不断地贬值，老百姓就开始越来越不信任它。

然后，就是在国统区和解放区交界的地方，老百姓都留着解放区的货币，因为解放区的货币就是购买力强，能够保值。这样就加剧了国统区的货币贬值趋势，后来国民党又搞了几次货币改革，目的就是想稳定货币，所以后来才推出了金圆券改革这些措施。但是，还是因为他们中的大资产阶级和大官僚们，他们本身并没有与国民党休戚与共的感觉，所以很多大官僚家族就开始趁机投机、占便宜，结果使得后来的几次货币改革，包括金圆券改革都很快就失败了。整个国统区进入了一种恶性的通货膨胀，以致价值变化达到了以天计的程度，每一天的价格都要变很多次。

我认识一个当时法国的外交官，曾经法国在天津有一个领事馆，领事馆里面雇了一些中国人，他就跟我讲了当时的故事：那个时候在天津，在 1949 年以前，他们每一次给这些中国的雇员发工资以后，一分钟都不到，他们马上就冲出去，要立刻把这些货币换成面、米，换成实物，如果出去晚一个小时价格就变了。那个时候国统区的通货膨胀是非常非常可怕的，在世界货币史上也是极端罕见的。而解放区的货币都是有抵押物的，不滥发货币，所以各个解放区的货币都比较稳定，赢得了当时民众的支持。

计划的人民币

　　战争的创伤尚未痊愈，浩浩荡荡的社会主义建设浪潮已接踵而至。随着第二套人民币从遥远的苏联万里跋涉而来，中国人的命运在那一刻发生了转变，计划经济的时代就此拉开了帷幕。大桥通车，卫星上天，而在一系列辉煌夺目的建设成就背后，货币的灵性光辉却逐渐被掩盖，人们的自由度也受到了限制，刻画出了一段令人备感沉重的辛酸历史。

西伯利亚大铁路（Trans-Siberian Railway），是世界上最长的铁路线。它西起俄罗斯首都莫斯科（Moscow），东临太平洋日本海沿岸的符拉迪沃斯托克（Vladivostok），横跨八个时区，全长接近一万公里。第二次世界大战期间，苏联正是倚仗这条被称为俄罗斯"脊柱"的交通要道，最终击败德日法西斯。

在靠近中国东北边境的区域，西伯利亚大铁路的一段分支，与中长铁路相连，经过满洲里进入中国。每年，超过一半以上的中俄贸易通过满洲里国门进出中俄边境。这条铁路向北可以直达莫斯科，向南则能够抵达中国的首都——北京。

沈志华 华东师范大学历史系终身教授：

苏联跟中国的交往，与中国长春铁路有很密切的关系。中长铁路的起点就是满洲里，对于中国来讲它是沟通整个东三省的大动脉，中国在很长一段时期里的贸易是单

◎西伯利亚大铁路

向的，只和几个社会主义国家有交往，所以这条铁路对于中国具有非常重要的经济上的意义。从 1949 年到 1952 年的国民经济恢复时期，和 1953 年到 1957 年的"一五"计划期间，苏联对中国的援助，包括一百多个重大工业项目和一些设备、物资等，包括图纸，都是通过这条铁路运到中国来的，大量的苏联专家也是通过这条铁路来到中国，然后去了各地。

1953 年秋天，一列列满载物资的货车静候在满洲里火车站准备入关。在众多大大小小的货物中，有许多不起眼的木箱，上面标有"技术装备"的货品名称，发货方是"苏联木材公司"，而收货方是"满洲里进出口公司"。这些货物的交接只在白天进行，且货物不能搬出车厢，中苏双方对交接全程严密监控。只有极少数的人知道，这些木箱里装的其实是苏联帮助新中国印制的第二套人民币。

新中国刚刚成立不久，当时正在流通的第一套人民币中，有很多大面额钞票，200 元、500 元、1000 元、5000 元、1 万元，最大的甚至达到 5 万元，战争带来的创伤尚未痊愈，通货膨胀问题依旧存在。由于战时条件的限制，这套人民币的印制质量并不太高，很容易被伪造。因此，占据台湾的国民党政府看准了第一套人民币立足未稳之机，输入大量假钞以破坏新中国脆弱的货币制度。从 1949 年到 1952 年的短短数年间，仅在上海周边地区，公安机关就破获了假钞案 72 起。新中国急需一套全新的人民币。

◎第一套人民币壹萬圆券伪钞

吴景平　复旦大学中国金融史研究中心主任：

第二套人民币可以说是人民币历史上第一次明确了主币和辅币。因为这次的人民币要求高度统一，而我们当时国内自己的制版、印钞票的纸张、相应的印制机器和技术都难以达到一个质量比较好、防伪技术比较过关的水平。所以主币中的主要几种，是委托苏联来印制的，尤其是叁圆、伍圆和拾圆。

戴志强　中国钱币博物馆原馆长：

第二套人民币，是我们自己设计、自己统一发行的。但是当时毕竟是从旧中国过来，我们印钞票的设计人员、印制技术、生产能力都是很有局限的。此外，人民币还存在防伪的问题，这点是很重要的。在这样的情况下，大面值的纸币就委托苏联帮我们代印。

陈宝山　中国人民银行货币金银局原局长：

从生产力的角度考虑，我们印制货币的生产力相对低一点，苏联当时比较发达，生产能力高一点，所以请他们来帮我们设计、生产钞票。世界上很多国家的货币，在自己没有印制、生产能力的情况下，都是委托其他国家来做的。

1955年3月1日，中华人民共和国第二套人民币正式发行流通。当年由苏联代为印制的三张人民币中的拾元券，是第二套人民币中面额最高的一张，也是历套人民币

◎苏联代印的第二套人民币叁圆、伍圆、拾圆券

中票幅最大的。它第一次印上了中华人民共和国的国徽，纪年也改成了公元纪年，正面的图案是工农联盟。这张人民币从日益强盛的社会主义国家苏联跋涉万里而来，仿佛昭示着新中国未来发展的方向。

在新民主主义时期结束之后，中国政府全盘照搬了苏联的计划经济体制。中国人的命运，正是在那一刻开始发生转变的。

王巍 中国金融博物馆理事长：

人民币实际上是切割了一个时代，实际上是从货币上把整个中国的计划经济启迪了。

刘吉 中国社会科学院原副院长：

全世界达成共识的属于传统社会主义的基本特征有两个：第一，所有制是公有制，主要是国有制、全民所有制；第二，实行计划经济，就是由政府来实行计划，把国家作为一个整体进行计划安排生产。

张卓元 中国社会科学院经济研究所研究员：

1949 年以后，面对美国的封锁，当时唯一可以参照的社会主义国家就只有苏联。当时，我们没有建设社会主义的经验，就马克思主义经济著作来说，资本主义是无政府状态的，那么一旦这个社会占有了生产资料后，就要由计划来调节整个社会经济活动。所以，走上计划经济的道路是非常自然，符合逻辑的。

罗平汉 中央党校党史教研部教授：

当我们中国开始要向社会主义过渡的时候，世界上真正地把一个社会主义国家建成了，而且还比较强

计划经济体制

又称指令型经济。在这种经济体制下，国家在生产、资源分配以及产品消费各方面，都是由政府事先进行计划。其特征是生产资料归政府所有，经济的管理实际上像一个单一的大公司。在 1957 年，我国基本完成社会主义改造，基本建立起了公有制占绝对统治地位的 100% 计划经济体制。但实践证明，计划经济体制不能解决资源配置问题，效率较低，因而导致了后来社会主义国家经济体制改革和资本主义国家国有企业私有化的浪潮。

大的也就是苏联，它成了我们唯一可以仿效的榜样。而且在共产党的心目当中，社会主义的基本特征无非就是这么几个：公有制、按劳分配、计划经济。计划经济应当说在苏联经济发展过程当中起的作用还是相当大的，至于计划经济所产生的片面性，或者说负面作用，当年我们并没有认识到。

1953 年，是新中国开始大规模社会主义建设的第一年，和苏联代为印制的人民币一起，大量苏联援助的资金、货物、设备和人员经由满洲里国门，沿着铁轨一路南下，注入了整个中国。然而，纵贯中国南北的两条交通要道——京汉铁路和粤汉铁路，却在号称"九省通衢"的湖北武汉，被难以逾越的天堑长江拦腰斩断。新中国工业建设的整体速度因此大打折扣。

余启新 中铁大桥局原总经济师：

从国家经济发展的前景来看，迫切需要有这么一座桥将南北连成一线。我家原来在汉口，1956 年搬到武昌，当时租了一条小木船准备把家具搬过去，结果遇到了风浪，一家人就在这条小船上面待了两三天，那是我小时候的一个切身体会。桥没修起来，武汉城就成了一个支离破碎的城市，并不是一个完整的城市。不用说整个京广线，就是一个城市也被分割成几块，人民生活极不方便。这也给物资运输带来了很大的困难，对国家经济的发展影响非常之大。

能否在长江上建一座大桥，成了迅速提高新中国建设速度的关键因素。1954 年 1 月 21 日，中共中央政务院通过了《关于修建武汉长江大桥的决定》，批准接受苏联专家

◎中长铁路

◎天堑长江

的技术支持，投资人民币 1.7 个亿，修建武汉长江大桥。然而，在人均 GDP 不足 150 元，人均月工资只有 10 元左右的情况下，这 1.7 个亿的巨额资金，究竟从何而来？

至今仍旧居住在武汉龟山下桥工宿舍的老人唐寰澄，是当年武汉长江大桥的参与设计者之一。虽然他设计的只是整个武汉长江大桥的桥头堡这很小的一部分，但中央对此的重视程度却非同一般。起初，在所有参选的方案中，唐寰澄的方案只被评为三等，并非最优秀的，但却被周恩来总理一眼看中。

"三等"的方案居然被选中，当时连唐寰澄自己也没有想到。直到后来他才知道，相比较而言，这是造价最低、最便宜的一个方案。

方案中选为唐寰澄带来了 1800 元的奖金，这在当年可绝对算得上是一笔巨款，相当于唐寰澄整整 5 年的工资。但他一分钱也没有乱花，除了因工作需要拿出 200 元购买了一台上海牌双镜头照相机，唐寰澄把剩余的奖金全部用于购买国家的经济建设公债。他清楚地知道，中央关于国家建设的方针是集中力量办大事，所谓"集中力量"，就是"把资金和人力物力用在对国家命运最有决定意义的事业上面。其余可做可不做者坚决不做"。

赵学军　中国经济史学会副秘书长：

国家没钱搞建设怎么办呢？有两个途径可以解决这个问题，一个是印钞票，实际上等于通货膨胀税，它的后果是很可能造成通货膨胀。另外一个办法是国家发行公债让老百姓来买，把老百姓手里的财富集中起来搞建设，这个渠道不会造成通货膨胀。

武汉长江大桥

位于湖北省武汉市，横跨武昌蛇山和汉阳龟山，是新中国在长江上修建的第一座铁路、公路两用桥梁，被称为"万里长江第一桥"。武汉长江大桥于 1955 年 9 月 1 日开工建设，于 1957 年 10 月 15 日建成通车，全桥总长 1670 米，下层为双线铁路桥，内列火车可同时对开，上层为 4 车道公路桥，两侧人行道各宽 2.25 米，桥身为三联连续桥梁，每联 3 孔，共 8 墩 9 孔。武汉长江大桥的建成通车，使武汉三镇连成一体，打通了被长江隔断的京汉、粤汉两铁路，形成完整的京广线，可谓"一桥飞架南北，天堑变通途"。

◎唐寰澄

国家经济建设公债

国债是国家以其信用为基础，为筹集财政资金而发行的一种政府债券。中央政府发行国债的目的往往是弥补国家财政赤字，或者为一些耗资巨大的建设项目、某些特殊经济政策乃至为战争筹措资金。为了保证第一个五年计划的顺利完成，1953年2月中央人民政府决定发行"国家经济建设公债"。这次公债从1954年至1958年连续发行了五年，发行总额为35.4亿元，利息率为年息4%，发行对象主要是城乡居民个人及私营工商业、公私合营企业的私方等。"国家经济建设公债"的发行，对"一五"时期的社会主义工业化建设发挥了重要作用。

◎国家经济建设公债债券

吴景平　复旦大学中国金融史研究中心主任：

我们知道，新中国成立不久就开始发行公债。还有就是当时通过经济和政治的各方面手段，加强社会的动员宣传，让大家把支持国家建设作为每一个公民都应当尽自己能力来做的事情。所以当时管这个叫"爱国公债"，有利息率很低的公债，甚至有无息的公债发行，就是说大家支持新中国的建设，帮助国家克服困难，这些手段已经不单纯是一个政府的货币政策，为建设事业筹集资金，还和广大人民群众发自内心地主动来支持政府，支持这样的建设事业是分不开的。

武力　中国经济史学会副会长：

当时大家都买，而且彼此都知根知底。别人都买，你不买，那肯定会造成一种心理上的压力，社会舆论上的压力，甚至自己的家属子女都可能会对你产生一种压力。

不光唐寰澄一个人在积极地购买经济建设公债，他的家人、朋友、同事，几乎所有的人，都在购买公债。"一五计划"期间，大规模的经济建设使国家对于人民币的需求远远超出了经济范畴，上升到了政治的高度。中共中央在《中央人民政府政务院关于发行一九五四年国家经济建设公债的指示》中指出：要动员全国人民，认购公债，支援国家的建设，不仅在经济上是筹集社会主义工业化所需资金的重要的和经常的方法之一，而且在政治上也是一种爱国主义的表现。从1954年到1957年，国家通过发行经济建设公

第一个五年计划

指新中国成立后从1953年到1957年间发展国民经济的计划，它是以实现社会主义工业化为中心，根据党在过渡时期的总路线和总任务而制定的，并在1956年宣布提前完成了计划规定的任务。其基本任务是：集中主要力量进行以苏联帮助中国设计的156个建设单位为中心的、由限额以上694个建设单位组成的工业建设，建立中国社会主义工业化的初步基础；发展部分集体所有制的农业生产合作社，发展手工业生产合作社，建立对农业和手工业的社会主义改造的初步基础；基本上把资本主义工商业分别纳入各种形式的国家资本主义轨道，建立对私营工商业的社会主义改造的基础。

◎《人民日报》1953年12月11日头版社论《迎接一九五四年国家经济建设公债的发行》

债一共筹集资金超过 30 亿元人民币。

而对于发到手的工资，在当时人们的观念里，也不是能够随便乱花的钱。作为武汉长江大桥的建设者，唐寰澄老人当年每个月的工资可以达到 40 多元人民币。然而，每次他领到工资的第一件事情，就是和爱人仔细盘算怎么省着花。通常，除去日常开销的最基本所需，他们会将剩余超过一半的工资，全部都存进银行。一个月三四十元工资的普通工人在存钱，一个月一两百元高工资的演员、知识分子、干部也在存钱。城镇存款从 1952 年的 8.6 亿元增长到 1957 年的 27.9 亿元；农村存款更是从零一跃上升到了 17.9 亿元。老百姓手中的一张张分票、毛票汇聚到一起，成为"一五期间"国家建设资金的重要来源，帮助政府凑足了 595 个大中型建设项目接近 600 亿人民币的投资。

赵学军　中国经济史学会副秘书长：

实际上人民币还代表着一种财富，代表老百姓手里的一些财富和国家的财富。我们看到，通过这种方式把财富从老百姓手里集中到国家手里，或者说把财力集中到国家手里来搞建设。如果老百姓手里拿着货币，他不去购买的话，它永远只是种纸币，社会上的财富是不会流动的；而如果老百姓把手里这几百块钱交到国家手里，这些少量的钱越积越多，形成一个比较大的财富或者是财力的话，那么实际上是等于把社会资源集中起来了。

王一江　长江商学院经济学及人力资源学教授：

当时只有两件事情是可以大量提取现金的，一个就是单位发工资的那天，派人到银行把现金拿出来，然后发给职工。第二个就是采购农产品的时候，可以带着现金到农村去，直接把现金付给农民，把粮食收上来。好像其他所有活动都不允许带现金采购。银行里面主要是进行做账、转账业务，所以人民币在那个时候更多的是个符号，是国家控制经济活动的一个信息。人民币一流动，国家就知道谁在向谁采购什么东西，这原料、材料、最终产品都流到什么方向。

胡守钧　复旦大学社会学系教授：

当时的一个提法是，集体的事情，再小也是大事，个人的事情，再大也是小事。个人为集体献身也是正常的，牺牲个人利益，成全集体利益是正确的选择。

1957 年 10 月 15 日，武汉长江大桥，千百年来横跨长江的第一座大桥，在"一五计划"的最后一年建成通车，自此天堑变通途。《人民日报》以"千年理想成现实，万众欢腾庆通车"的标题，用整个头版报道了武汉长江大桥建成通车的盛况。时任国务院副总理的李富春在通车剪彩仪式上讲道："长江大桥的建成，是社会主义政治制度和经济制度有无限威力的一个标志。"日后，武汉长江大桥作为新中国社会主义建设成就的象征，被郑重印上第三套人民币。

◎ 1957 年 10 月 16 日《人民日报》头版报道武汉长江大桥建成通车盛况

余启新　中铁大桥局原总经济师：

武汉长江大桥的建成和通车，对武汉人民来说是盛大的节日。我参加过武汉长江大桥通车典礼，印象当中好像当时武汉所有的汽车都出来了，前面是整整齐齐的轿车，后面是公共汽车、卡车，那几天整个城市都是人来人往。好像天上还有飞机撒传单，红红绿绿的传单，像雪花一样地撒下来，整个武汉三镇的人都像过节一样。

◎第三套人民币贰角券

孙立坚　复旦大学经济学院副院长：

这是个标志性的工程，武汉长江大桥的建成，确实长了中国人的志气和信心。但是，它也会让我们的这种自信心膨胀，超出我们自己的能力去搞经济建设。

伴随着武汉长江大桥的建成通车，在 1957 年前后，长春第一汽车制造厂"解放"牌汽车试制成功，就此结束了中国不能制造汽车的历史；中国第一个飞机制造厂成功

◎ "解放"牌汽车

◎第一架喷气式飞机

◎第一个机床制造厂

◎修建铁路

试制第一架喷气式飞机；中国第一个机床制造厂在沈阳建成投产；康藏、青藏、新藏公路也先后完工。这一时期成为中国近代以来规模最大、效果最好、速度最快的工业化时期。《剑桥中华人民共和国史》对此有这样的描述："到1957年，中共的领导人可以以相当满意的心情回顾1949年以来的一段时期。一个强有力的中央集权国家经过了几十年的分裂后已经建成……这个国家在工业化的道路上已经走了几大步并且取得了引人注目的经济增长速度。"

武力　中国经济史学会副会长：
计划经济实际上带有很强烈的战时经济的色彩，国家对经济的主导作用，对经济资源配置的力量是非常强大的。

周建波　北京大学经济学院副教授：
当时的计划经济，也有它的合理之处。它通过举国的体制，最大限度地集中了一国的力量，以规模经济的力量抵御外部的压力，取得了民族的独立，这就是共产党一个非常大的历史的功绩，也是计划经济的一个最大贡献所在。

邓聿文　中央党校学习时报社副编审：
计划经济在特殊的情况下确实有作用，"一五"期间是计划经济的初期，其弊端还没有暴露出来，那时候人们的劳动热情非常高涨。而且计划经济还有一个好处，就是能够调动全国的力量去实现一个目标。

赵晓雷　上海财经大学经济学院教授：
事实上在短期内，当时中国实行的计划经济体制是取得了一定成效的。尤其是"一五"时期，在恢复和发展国民经济这个方面，它取得了非常大的成效，这是很多经济统计数据都可以证明的。计划经济体制是由人的主观意志来决定经济的运行、整个经济的活动内容以及它的一些交易等，那么在经济活动比较简单、交易的频率不是很高、信息量不是很大的时候，它是可行的。

中国人的命运，正与人民币的命运形成空前紧密的捆绑。他们都在计划经济的严格调度下，遭受着前所未有的控制。在一系列辉煌的建设成就背后，人民币开始不再闪耀货币灵动的光芒，而是逐渐变成呆板的结算符号；人们开始不再享有广阔的生存空间，只能安分地听从组织的安排和决定。人民币与中国人民的活力，受到了一项项计划制度的压制。

这其中最苛刻的一项制度，莫过于自 1953 年 10 月 16 日开始正式实施的粮食统购统销制度。

> **粮食统购统销制度**
>
> 粮食计划收购和计划供应的简称，中国粮食商品计划分配和计划流通的一种特殊形式，也是中国政府在 1953 年开始的经济建设计划时期，处理国家同农民关系，解决粮食供应问题的一种特殊政策。大多时候更被简称为"统购统销"。该制度始于 1953 年，结束于 1985 年。

◎《光明日报》对粮食统购统销的报道

在农村，农民们发现，高价收购粮食的私人粮商和粮食自由市场渐渐销声匿迹，手里的粮食只能按照规定的价格、指定的数量，由国家统一收购。他们逐步丧失了自由买卖农产品的权利，被完全排除于市场交易之外，人民币正离他们而去。这就是被称为"统购"的"计划收购"。

王一江　长江商学院经济学及人力资源学教授：

统购的本质就是农民的粮食不允许卖给别人，他只有一个买家就是国家。国家要把粮食统一收购上来，然后由国家按照自己规定的价钱统一地卖给城市的消费者。

温铁军　中国人民大学可持续发展高等研究院执行院长：

因为工业建设在多个城市开展，需要大量粮食和农副产品，需要大量交易，而这时候农民刚刚自 1951 年才完成土改，正在过自给自足的小日子，凭什么跟你交易？农民不跟你交易。农民想家有三斗粮，好歹不至于再受穷，对吧？他们刚刚开始过好日子。陈云在 1953 年为什么搞统购统销？因为城里没粮食了，工业化速度这么快，城里没粮食，你跟农民交易不着，农民不买你的账，你怎么办？中央提出了七八种方案，最终没有别的选择，只好搞统购统销。

凌志军　《人民日报》高级编辑：

那个时候城市里的粮食非常紧张，这种紧张到了影响政权稳固的程度，而粮食在农民手里面。为什么能够在农民手里面？因为土地是农民的，我在我自己的地里面种粮食，当然是收归自己。为了解决城市粮食危机，中央就想出了这么一个办法，就是要让人民公社把这个土地收回来，把粮食收回来，然后再来分配。通过这种手段很快就解决了城里的粮荒问题，但是带来了很深远的农村问题。

黄祖辉　浙江大学中国农村发展研究院院长：

农民应该说既是贡献者，又是受害者。我们国家能够发展到现在这样子，农民是很大的贡献者，因为农民通过计划经济这种价格的扭曲，把农产品、农民的剩余全部转移到工业城市去了。国家在很短的时期里进行工业化、城市化，尤其在一些大城市，一些重工业在 20 世纪 50 年代就建立起来了，这靠什么？实际上就是靠计划经济下这种分配的剪刀差来实现的。

而在城市，从 1953 年的冬天开始，人们去粮店购买面粉再也不能想买多少就买多少了，如果未持有由国家发放的面粉购买证，无论你有再多的人民币，也无法买到哪怕一两面粉。这就是被称为"统销"的"计划供应"。这张凭证清楚地标明，凭此证只限一个月内一次性购买面粉四市

◎新中国第一张票证：北京市面粉购买证

斤，如有遗失，概不补发。中国老百姓和人民币之间，就这样多了一种叫做"票证"的东西。此后，需要凭票购买的物品变得越来越多，人民币的购买能力和人们花钱消费的行为，被这些五花八门的票证严格限制。

陈明远　中国科学院研究员：

中国票证的历史是跟人民币历史紧挨着的，先有人民币，然后有票证，这是跟我们的经济制度相联系的。粮票并不一定是计划经济的产物，第二次世界大战的时候，英国也实行了粮食配给制度，也发粮票。票证制度使我们国家比较安全地度过了这十几年经济困难、物资紧缺的时期。

赵学军　中国经济史学会副秘书长：

当时，我们国家整体来看谈不上富，实际上是比较穷的，特别是物资这一块是比较短缺的。在这种情况下，就要考虑怎么来配给物资，如果完全实行市场行为的话，就是谁有钱，谁就可以占更多的物资。在这种情况下可能有的老百姓就会饿死，或者是生活得非常惨。在这种情况下你就要考虑另外一种配给，那就是计划配给。计划配给怎么配给呢？就是通过票证，除了货币之外，辅之以票证，这是可以理解的。但当时中央搞统购统销的时候也没想要搞那么长，陈云只是想将它作为一个临时性的手段来采用，没想到一下子就统购统销到了 20 世纪 80 年代，搞了好几十年。

周林　上海交通大学安泰经济与管理学院院长：

那个时候的人民币不能够充分发挥作用，因为在计划经济之下，它已经失去了它原本的作用，必须要和这些票证——和油票、粮票、肉票等结合在一起才能够实行交

易。所以在当时，人民币这种货币的作用并没有得到充分的体现。

丁一凡　国务院发展研究中心世界发展研究所副所长：

在物品比较匮乏的时代，使用票证是为了保证一定的社会公平，就是按人头分，按照固定的价格每个人一定会享受到最基本量的东西。否则你要完全按自由标价来的话，就可能有的人有，有的人没有。供给不足，却要保证分配还比较公平，然后防止投机行为，票证正是起到这样的作用。

在国家的强力推行下，统购统销制度得以艰难实施。最初几年，这种制度的确对新中国"第一个五年计划"的顺利完成起到了巨大的作用。然而，当人们对计划手段开始盲目崇拜，它给老百姓带来的致命危害也随之显露出来。

1957年11月，当举国上下沉浸在工业建设的伟大成就中时，中国政府第一次正式宣布了一个惊人的计划——要在15年内使钢产量赶上并超过英国。在外界看来，钢铁年产量只有335万吨的中国想要赶超当时年产量高达2000万吨的英国，这几乎是天方夜谭。

然而，整个中国对此却充满了信心。在"一五计划"巨大成功的鼓舞下，中国提出了"跑步进入共产主义"的口号，新中国第一个农村人民公社，在河南省遂平县嵖岈山成立了。

周留栓，是嵖岈山卫星人民公社最早的一批社员，如今仍在分文不取地做着嵖岈

◎嵖岈山卫星人民公社旧址

◎周留栓

山卫星人民公社旧址博物馆的义务管理员。在他深刻的记忆中，作为一名公社社员，任何有关钱的私念，都是可耻的。

周留栓　嵝岈山人民公社博物馆义务管理员：

那时候不想钱，为什么不想钱呢？因为经济基础差。家庭没有什么收入，都是公家的，私人不准养鸡、不准养鸭、不准养牛，个人没有一点自主权，地也是公家的。那时候干活没有一点私心，要是说钱，大家都说你的思想觉悟不高，你就是破坏人民公社，群众都揭发你，批斗你。

郑道忠　原嵝岈山人民公社会计：

当时以穷为光荣。你要是给农民头牛，他都不敢喂；叫他养头猪，他也不敢养。你弄得多了挨批斗，说你搞资本主义。

陈平　北京大学国家发展研究院／中国经济研究中心教授：

在社会主义初期的时候，前 30 年，财产对中国人来说不是财富，是一个负担。那老百姓争的是什么呢？很简单，争的是社会地位，所以工人争当劳动模范，学生争相考好的学校，然后愿意去学技能。所以中国当时全国性的民风很好，热衷于学习，热衷于劳动，但是不热衷于甚至在某种程度上鄙视争利分财产。

朱大可　同济大学文化批评研究所教授：

当时不大公开谈论钱，因为谈论钱是很庸俗的事情，是思想觉悟不高的一种表现。因为当时谈的是毛泽东思想占领我们的头脑，统治我们的所有的工作和生活。钱是要用的，但是大家会羞于谈论。不能把钱看得太重，更重要的是"毫不利己，专门利人"的艰苦朴素的生活作风才是高尚的，而想钱这个事情是低级的，甚至是卑鄙的。在某种意义上，它是一种罪恶。相反赤贫的、没有钱的无产阶级是最光荣的。

吴晓波　著名财经作家：

在 1978 年之前，赚钱或者从事商业是一件很可耻的事情，甚至当时是反对货物流通的，老百姓处在一个均贫的状况下，所有的人都在体制内。

那么，所谓的"人民公社"究竟是什么呢？

周留栓　嵖岈山人民公社博物馆义务管理员：

人民公社就是把原来小乡合并起来，便于规划。人民公社就是公有制，一切都归公，再有一个就是规模大，因为小社并大社，合起来两三万人，规模就比较大了。除了你的牙刷是自己的以外，其他所有的包括农具、生产工具都是集体的，要工、农、商、学、兵五位一体。当时的人民公社，在农村来说就是最基层的政权组织。

黄祖辉　浙江大学中国农村发展研究院院长：

刚开始建的时候，人民公社是统一经营、统一管理，全是以乡镇作为一个单位来组织的。人民公社最核心的就是农民在整个农业生产当中，他个人的利益以及个人要做什么决定的权利是得不到体现的，是由一个组织、一个比较大的公社来统一决定的。个人劳动的努力跟劳动的所得是不挂钩的，所以它导致个人没有努力的积极性。

对于普通的中国农民来说，他们对于"人民公社"最深刻的印象，就是"不要钱"。不光是在公社的大食堂吃饭管饱不要钱，社员的生老病死、衣食住行全都不要钱。在他们眼中，"人民公社"就是一种不要钱的生产、生活的方式，公社的干部职工被取消了工资；公社社员也不再遵循按劳分配制度；在一切为公的人民公社里，人民币成了这里最无足轻重、最被人们忽视的东西，几乎销声匿迹。

◎人民公社社员计算工分

周留栓　嵖岈山人民公社博物馆义务管理员：

人民公社实际不存在着花钱，因为你吃饭不要钱，穿衣不要钱，理发不要钱，上学也是免费不要钱，合作医疗也是。它就是按照你的劳动量，以劳动工分给你计

◎人民公社大食堂

算。不存在人民币，它就是以分顶粮，顶粮折价，给你折成粮食的，它不计算钱。当时食堂一办起来，家庭里就没有炊具了，锅碗瓢勺包括砧板，全部都带到食堂里去了，都成公有了。一到吃饭时间，队里敲铃开饭了，都到食堂来，啥都不拿，一家人坐到一块，在食堂里一起吃饭。

吴璘全　《人民币沉浮录》主编：

在这个时候，有人在中央也提出了要跑步进入共产主义，并提出了三个歪主意：第一个就是说吃饭不花钱；第二个就是到供销社买东西记个账就行，也不用花钱；第三个，根本就不要货币了，就是物物交换，以物易物。这个主意后来还流行了一段时间，所以说人民币在老百姓中间已经根本没什么用了。湖南的湘潭有一个工厂，他们自演自导了一个叫《把金钱扫地出门》的讽刺小品。对当时的老百姓来讲，人民币确实没多大用处。

黄祖辉　浙江大学中国农村发展研究院院长：

在整个20世纪50年代的变革当中，人民币只是交换的一种计量单位，实际上它没发挥什么作用。人民公社不需要货币，它全是按计划分配，不需要通过货币的手段，它通过评工积分来进行物的分配。计划经济情况下没有市场，人民币不是用来衡量一个人的财富、收入多少，而是一个起到度量性的工具。

在那样一个年代里，并没有人提出这样一个问题："消灭人民币，究竟意味着什么呢？"

丁一凡　国务院发展研究中心世界发展研究所副所长：

消灭货币，这就是一种共产主义的理念了。当时我们想象的共产主义就是一个按需分配的过程，就是一个特别理想的世外桃源的生活，在这种社会里，人都是按需分配，人都是按其所能，想干什么就干什么，想得到什么就得到什么。出现这么一种社会的时候，货币作为一种交换媒介当然就没有必要了，你需要什么，直接去拿就行了，哪还要什么货币啊？当时大家就想，中国很快就会进入共产主义，在这种过分乐观的情况下，人就陷入了一种荒唐观念，然后一下就把所有过去的积累挥霍光了，浪费光了，所以引起了后面几年的痛苦。

◎《人民日报》高产卫星报道

白彤东　复旦大学哲学系教授：

取消货币、公共食堂这些东西，是一种极端的反传统。我们不应该对我们自己有那么多的傲慢，对自己的智慧有那么多的自满，觉得前人想的都是错的，我们就可以把以前的东西都抹掉，然后重新画一个美好的理想的世界。从之后的结果我们可以看出来，就是这种傲慢，导致我们付出了惨痛的代价。

这个号称中国第一的人民公社真正"风光"的日子只是它最初成立的两年。这两年间，嵖岈山放出了新中国的第一颗农业卫星。1958 年 6 月 8 日，《人民日报》在头版头条的位置刊登了"嵖岈山卫星人民公社小麦亩产 2105 斤"的文章，轰动全国。

但就在"高产卫星"上天后不久，"吃饭不要钱"的公共食堂反而出现了"无米下锅"的现象，而导致这种现象出现的原因恰恰是放上天的这颗"卫星"。

周留栓　嵖岈山人民公社博物馆义务管理员：

1958 年的时候平均亩产 240 斤，好的 300 斤，现在一亩地一下报出来 3000 多斤。国家说你报的产

放卫星

在 1958 年开始的"大跃进"中，各地浮夸风盛行，虚报夸大宣传粮食产量。上报虚假"小麦卫星"、"水稻卫星"、"包谷卫星"、"烤烟卫星"等在各行各业中发生的类似行为被统一称为"放卫星"。

量高，我征的就多，你留够吃饭的其余国家拿走。所以说产量高了，国家拿走的也多了，全部给你征走。但实际上产量是虚报的，没有那么多产量，这样库存就少了，口粮标准就降低了。那时候真是没粮了，都没米下锅了。没有粮食了靠什么充饥？只能是野菜、树皮。像我小时候，扒那些豆地上的豆籽，烧烧吃，上学在山上撵蚂蚱，逮住就吃了，后来有的逮老鼠吃。树皮也吃，洋槐树、洋槐叶、榆树叶……这些都吃，最艰苦的时候，吃花生壳子，花生壳碾碎以后做馍吃，吃完以后大便解不下来，差一点死了。

黄祖辉　浙江大学中国农村发展研究院院长：

卫星上天，粮食能够上几千斤一亩，报纸上都会登，你去查都有的。那时候信奉人有多大胆，地有多大产，人定胜天。人的作用在那个时期达到了极致，实际上它违反了科学，一亩地怎么可能一万斤产量，我们现在都达不到。我们现在一亩地，像袁隆平的超级稻，两千斤已经不得了了。浮夸风大刮，谁吹牛，谁的生产力好像就能够得到发展，就会被表扬，但实际当时是很穷很穷的。

罗平汉　中央党校党史教研部教授：

1959 年、1960 年加上 1958 年，人民基本是要把自己生产的粮食的三分之一还要多交给国家，粮食本来在减少，交给国家的又不能少，后果是什么，就是农村的留量减少，农村的留量减少了，那农民的口粮肯定要减少，所谓的三年困难时期也就是由此产生的。

王一江　长江商学院经济学及人力资源学教授：

各级的官员报了高产以后却交不出粮食，他不就露馅儿了吗？他就带着民兵、干部到农村，挨家挨户去搜粮食。说你亩产几万斤你一定要交得出这么多的粮食来才行。很多地方连种子都交上去了。大食堂呢，它就变成了如果我不吃就会被别人吃掉，不吃白不吃的地方。大家放开肚皮吃饭，那时候吃不完的就把它倒掉，浪费掉了。这样的话，两三个月就有可能把一年的粮食全部吃完。所以一方面是有一点自然灾害，但更多的是生产中不合理的浪费，再加上上面挨家挨户地去搜缴粮食，这样就把很多农民真正地逼到绝路上去了。

历史明确地告诉我们，计划经济最大限度地压制了人们的积极性，最大限度地否定了"人民币"这个最强的私有符号。人们并不会从违背自身意愿的生产劳动过程中获得更多的回报，而那种"按需分配"的乌托邦状态根本不可能出现。整个社会的发展会因为生产者、企业、整个经济体系积极性的丧失而停滞不前。

凌志军　《人民日报》高级编辑：

人生在世，有天生的权利平等，人有思想的自由，人有说话的自由，同时人有平均占有这个社会资源的权利，这叫天赋人权。而过去我们这种权利是被收走了的，变成了少数人支配多数人的权力。不管是在什么样的名义下，即便是一个美好的理想也好，它最后的结果都是制约社会发展。只有每个个人的权利有了希望之后，他才有真正的能动性去做事情，每一个人有真正的能动性去做事情的时候，这个社会才会有进步的动力。事实证明，没有任何一种制度能够持续地让一个人为别人劳动，比为自己劳动更有热情。

苏智良　上海师范大学人文学院院长：

计划经济时代，最重要的是国家控制了所有的从人民币到商品的流通，也就是限制着人的欲望，限制着人民币功能的呈现。其实任何一个时代的人们，特别是年轻人，他要实现自己的人生理想，实现自己的抱负，他理所当然也追求自己的财富，改善自己的生活，改善自己的家庭。这就是一种人的欲望，这个实现的过程，就是人性的一个张扬，一个解放。但在计划经济时代，你是很难做到的，稍微想多做一些经济生活方面的事情，你就会变成一个叛逆者。

在嵖岈山的社员们"超英赶美"、"大放卫星"、"大炼钢铁"的三年间，国家对重工业的投资比重接近60%，大量人民币被源源不断地投向炼钢事业、投入全国上下大大小小冒着黑烟的高炉中去。这些熊熊的火焰烧掉的不仅是一张张的人民币，更是整个国民经济。由于全民"大炼钢铁"，农田几乎无人耕种，农业彻底瘫痪，农产品产量大幅度缩减；同时，基于农业的轻工业，在原材料缺乏、国家投资比重不足20%的情况下发展缓慢，市场上的商品越来越匮乏。

张军　复旦大学经济学院教授：

计划经济从总体上来讲，有不可克服的缺陷。假如用今天的眼光以及经济学的主流理论来分析的话，它最大的一个缺陷就是它释放生产力可以非常剧烈，但却是一次性的，不能持续的，因为人们的热情会消退。

张卓元　中国社会科学院经济研究所研究员：

计划经济短时间内能够动员力量来集中办一点大事，这是它的一点优势。但是从长远来看它最大的一个弊端就是把经济活动给压抑住了，把它搞死了。企业也好，工人也好，都不讲究去赚钱了，因为赚钱多了也买不到东西。这样的话就抑制了经济的活力。

赵晓雷　上海财经大学经济学院教授：

从计划经济开始，事实上就是逐渐逐渐地用人的主观意志来取代经济规律。经济发展是有规律的，在某种程度上，规律也是可以被人们所认识的，但是认识规律以后，你只能顺从它，不能利用它，更不能违背它。当时计划经济走到极端，就是人的主观极度膨胀。违背了经济规律以后，这个风险是巨大的，而且计划经济造成的损害，是由全民来承担的。

赵学军　中国经济史学会副秘书长：

国家想以政府之手来控制一切，本来是市场交易的行为，是千千万万人之间的交易行为，政府却试图通过国家计划来控制一切。好像政府有一个庞大的计算机似的，把所有人的需求、消费、供给都计算好，但这是不可能的。政府不可能来处理繁杂的细节问题，所以说计划经济走下去以后，只能走到一个非常僵死的体制内，束缚了整个经济的活力，这是一个最重要的问题。

梁小民　北京工商大学经济学院教授：

"大跃进"就是这样，这个错误决策强烈冲击了我们中国的经济。计划经济结果怎么样呢？完全取决于领导的计划，但是领导不是一个万能的神，领导不可能永远正确。

◎天津估衣街

黑市

指未经政府批准而非法形成的，以交易不许上市的商品或以高于公开市场价格的价格，秘密进行买卖为其特征的市场，如票证黑市、金银黑市、走私物品黑市等。为了逃避国家对商品价格、汇价、证券市价、利率等的限制而发生的买卖行为，被称为黑市交易，在黑市上进行交易的价格称黑市价格。

地处天津东北角的估衣街，是一条拥有 600 多年历史的商业街，被人们亲切地称为"大胡同"。这里曾经是华北地区绸缎、布匹、毛皮、服装、笔墨文具、中药材及日用小商品的集散地。20 世纪 30 年代，这条街达到了它的鼎盛时期。数十家老字号聚集在这里，各种摊贩遍地都是。

而在 1960 年的冬天，这里却是一片萧条凄凉的景象。空荡荡的街道上，看不到几个行人。众多老字号的门面早已被青砖砌死。由于农业产品由国家统一收购，私营经济的生产根本无法获得原材料，自然难以为继；即便是国营的商店，也由于农业和整个工业的崩溃而导致商品极端匮乏。柜台里都是空荡荡的，只剩下无精打采的售货员守着空空的店铺，挨不到下班的时间，就早早关上店门。

每到傍晚时分，这条街上却会出现鬼鬼祟祟、三五成群的一些人。随着天色越来越暗，这里越发人头攒动。白天冷清的估衣街在昏暗的灯光下变成了当时天津最大的黑市，而且只买卖一种物品——票证。

朱大可　同济大学文化批评研究所教授：

当时粮票就是生命，它跟钱几乎没有什么差别，甚至在某种意义上比钱还重要。为什么我将它称为第二货币？它是可以交换的，在黑市上它是有价值的，而且这个价值是被普遍认可的。很多人就是因为没有粮票，虽然他有钱，但没有粮票就买不到粮食，他就得挨饿。

苏智良　上海师范大学人文学院院长：

有些贫困家庭就尽可能地不用油，而是买一些猪油，把节省下来的油票换成人民币。这种情况非常普遍，所以当时政府严厉打击这种投机倒把、私自兑换各种票证的行为。但是，可以说这种黑市没有一天不在交易。

物资越来越匮乏，人们手中的人民币越来越没用，用以限制消费的票证制度却愈演愈烈，在20世纪70年代进入高峰时期：它覆盖全国2500多个市县、乡镇；从工矿企业到农场学校再到部队公社；涉及人们的衣食住行。票证的面额越来越小，甚至还出现了令人难以想象的只能买到"一钱"粮食的粮票、只能买到"一厘米"棉布的布票、只能买到"三钱"肉的肉票。什么样的票证买什么样的东西，对号入座；多少票证买多少东西，锱铢必较。

右下角这张从湖北武汉出发沿江而下，到江西九江的旧船票，上面清楚地盖着一个条形戳，表示晚餐已购。在20世纪50年代末60年代初，坐船从湖北武汉沿江而下，想要在航船上吃一顿晚餐的资格是：凭船票一人一份，花费两角钱，外加半斤全国粮票。然而，同样是一条船上的乘客，却被这张全国粮票划分成了两类人。一类人有饭吃，却吃不饱，他们是因公出差的城镇居民，凭出差证明才能到粮站用本地粮票换到全国粮票，而且严格规定每天只能换一斤；另一类人就只能饿肚子，这些饿肚子的人大多是农民。在"人民公社"制度下，农民没有粮票可领。只有人民币而没有粮票，是不可能买到一口饭吃的。

◎ "三钱"肉的肉票

◎ "一厘米"棉布的布票

◎ "一钱"粮食的粮票

◎从湖北武汉到江西九江的旧船票

叶辛　上海作家协会副主席：

带钱的同时要带粮票，而且要带全国粮票。因为出了贵州省，贵州粮票没人收了，你就必须要打证明到粮店去把贵州粮票换成全国粮票。还要分两个地方放，生怕掉了。在我们的意识当中，就像你出差必须要带钱一模一样，已经不会分开了。说带了钱忘记带粮票的很少，都会很自然地带着，没有的人单位会开证明。他要到东北出差半个月，此证明给他换取全国粮票，16 斤。粮店以单位的证明作为依据换给你粮票，这已经是当时中国人的一个生活习惯了。就像你出差要带毛巾，带个牙刷、牙膏一样，习惯成自然。

张鸣　中国人民大学政治学系教授：

你没有票，有钱没有用，所有凭票的都买不到。比如说每个月供应你半斤肉，五两或者是四两油。你多了一斤也不能买，买不到的。如果你没有全国粮票的话，饭都吃不了。实际上在这个票证时代，票证的功能是很大的，取代了货币的功能。没有票证你寸步难行，什么事都做不了。

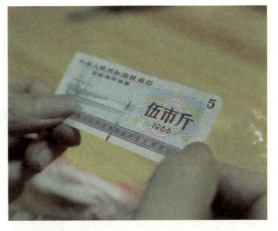

◎全国粮票

从"万里长江第一桥"——武汉长江大桥建成之日起，每天都有这样载着两类中国人的客船从桥下开过，几十年不变。计划经济不仅限制人民币的流通，更限制了中国人民的自由度。

◎武汉长江大桥

凌志军　《人民日报》高级编辑：

自己不能选择，没有选择的机会，所有的人都在做同样的事情，做的事情是被某一种力量支配的事情。这种力量以为自己可以促进社会发展，所以它要安排每一个人在这个社会当中的角色，而每一个人也按照这种安排去做。那个时候有一个说法就是做好螺丝钉。国家是一个机器，有很多很多螺丝钉，你就是一个螺丝钉，党把你拧到哪里你就在哪儿发光发热。然后你的利益是被分配的，跟你的工作成绩的好坏，工作能力的强弱是没有关系的。而且每个人获得的都是大致相当的，没有差别的。人全死了，并不是说生命死了，而是人的精神全死了。因为人没有任何追求，或者追求被扭曲了，也没有任何的利益，所以人也不可能有任何的创造性，不可能有选择。除了每天在螺丝钉上拧着，这个人还能干什么？

管毅平　上海交通大学安泰经济与管理学院经济学教授：

个人利益应该服从集体利益，个人利益绝对服从国家利益。当时不存在工作调动，调动是工作需要，是国家调你去那儿。因此，个人选择的可能性非常小，所以每个人也不想，每个人就像毛主席说的，我们都是革命的螺丝钉，拧到哪就在哪闪闪发光，你不发光是自己有问题，你想换一个地方，那得别人把你拧过去，你自己是不能换的，因为螺丝钉自己是没有脚的。

黄祖辉　浙江大学中国农村发展研究院院长：

那时候城乡的关系是封闭的，我说了封闭不是说城里有大门关在那里，企业也好、政府单位也好，是没有权力的，比如说我是厂长，也没有权力让你到我这里来工作，就业全是国家计划严格规定着的。单位是没有自主权的，也没个人自由的概念。

罗平汉　中央党校党史教研部教授：

在人民公社时期，人民被牢牢地约束在土地上，你无法离开公社，无法自由迁徙，因为我们当年既有严格的户籍制度，还有严格的粮食供应制度。就是说你想迁到城市里面去，就算你自己在城市里面端个盘子养活自己，但是因为你没有口粮供应证，没有城市户口，就意味着你拿不到这个口粮供应指标，那么你就买不到粮食。买不到粮食又没有自由市场，你就无法生存下来。

当中国在计划经济的道路上发足狂奔之际，经济学家顾准曾发表过论文《试论社会主义制度下的商品生产和价值规律》批判计划经济。在文章中，他忧虑地写道："如果过分强调计划的一面……企图用计划规定一切的弊病就会出现，而这是障碍社会经

顾准（1915—1974）

上海人，字哲云，中国当代学者、思想家、经济学家、会计学家、历史学家。中国最早提出社会主义市场经济理论的第一人。1957年他发表了《试论社会主义制度下的商品生产和价值规律》，第一次提出了在社会主义条件下实行市场经济。后来，他曾两次被打成"右派"，仍然坚持理想和信念不动摇。

◎孙冶方

济的发展的。"

身为国家统计局副局长的经济学家孙冶方，也提出了这样的质疑："光凭主观意图行事的经济政策，……到头来就是打乱了一切比例关系，妨碍了国民经济的迅速发展；主观主义的强调计划，它的结果只是使计划脱离了实际。"

但这些源于计划经济体制内的真知灼见无法改变整个计划经济愈演愈烈的趋势，无法将人们从对计划的顶礼膜拜中唤醒，更无法阻止整个经济滑向深渊，直至彻底崩溃。

◎《试论社会主义制度下的商品生产和价值规律》

熊亮华　《红色掌柜陈云》作者：

在计划经济条件下，货币的流通，或者作为交换工具的作用，也是受到抑制的。货币作为交换手段能够充分发挥作用的前提是在市场条件下，当市场上发生了交换才需要它来发挥作用。在计划经济条件下，都是由行政力量来安排，所以用不着这个交换手段了。

刘吉　中国社会科学院原副院长：

一旦进入计划，人民币从某种意义上，它就不是一个货币了，或者说它虽然是一个货币，但它不是市场经济的货币了。在国家控制下，统一发行，然后分配。所以人民银行也就不再是银行了，而是财政部的一个出纳、会计，被国家给操纵了。在计划经济年代，人民币真正的货币价值是没有充分发挥的。

韦森　复旦大学经济学教授：

计划经济对中国经济来讲是灾难性的。今天无论谈货币还是谈这个体制我觉得有

◎孙冶方论文《把计划和统计放在价值规律的基础上》

一点是不能动摇的，就是说市场经济是一个有效的资源配置体制，而计划经济不是。计划经济是想消灭货币，后来发现消灭不了货币，我们当时就是把货币作为经济计划的一个手段。

今天，在中国最大的人民币收藏市场——上海云州古玩市场，一张张第二套人民币中的拾圆券静静地躺在古董商的柜台里。如今，它们有了一个气派的名字——"大黑拾"。在进入社会主义市场经济的今天，这张发行于计划经济时代的人民币被人们当做收藏品自由买卖，一张品相上乘的"大黑拾"可以卖到20万元的天价。人们津津乐道于它诞生在苏联、它流通时间极短、它是所有人民币中票幅最大的一张，对它趋之若鹜。但人们似乎已经忘记了，这张人民币经历过那一段令人备感沉重的历史。

◎第二套人民币拾圆券——"大黑拾"

六十多年来，人民币的命运始终与中国人的命运紧紧相连。人们的信仰、人们的作为，决定着人民币的起起落落，这一次次的起起落落也影响着每一个普通中国老百姓命运的走向。一路走来，这样的规律从未发生改变。

罗平汉　中央党校党史教研部教授：

也许若干年以后人家看我们这段历史的时候，发现有很多的问题。你为什么这么搞呢？但我们作为当局者可能往往是迷的，自己没有看清这个问题——这也就是历史研究的意义所在。历史研究本身不是去指责前人，你到底对还是不对，更多的是从你那里我能够得到一些什么样的启发。

独家访谈
EXCLUSIVE INTERVIEW

当年中国为什么采取了计划经济体制？

赵晓雷　上海财经大学经济学院教授：

在 20 世纪 50 年代，中国在新中国成立以后采取计划经济这么一种经济体制，我认为有三方面的原因。首先，这是意识形态所决定的。因为无论是马克思还是列宁，他们这些科学社会主义经典作家的著作当中，事实上都指示了，今后的经济实际上是一种有计划的经济。这是一种意识形态所决定的对经济体制的认识。第二个方面，中国是一个社会主义国家，当时世界上一个成功的社会主义国家、一个榜样就是苏联。而苏联当时实行的是计划经济，中国当时一切都是向苏联学习。第三个方面，实际上是由当时国内外的一种经济、政治环境所决定的。因为中华人民共和国成立以后，作为一个社会主义国家，受到欧美资本主义国家的封锁。它们首先是不承认，同时不和你发生经济关系。那么在这个时候，中国在国际上只有和以苏联为首的社会主义国家发生经济来往。它们都实行计划经济，这是一个国际因素。而就国内情况来看，中国应该说当时是百孔千疮，国民经济也很破败，要在非常短的时期里面，使国民经济发展起来，也有必要集中全社会的资源，集中全社会的人力物力。我认为计划经济当时之所以实行，主要是由这三方面的因素所决定的。

张军　复旦大学经济学院教授：

那个时候就全世界来讲其实有一个思潮，不仅中国走上了计划经济，我们看印度，独立以后它也选择了计划经济，再看很多非洲的过去的殖民地、拉美的殖民地，其实它们在独立之后往往都是走向某种程度的计划经济，因为计划经济不仅仅只有一个模式，它可以有不同的模式，但是它核心的东西都是国家基本上控制了经济的主要命脉，掌控资源，然后进行一定的分配，而分配的最重要的一个抓手，是国有企业，也就是说这些企业全部要在国家的控制之下，然后通过它们来进行生产、流通和分配。所以，从某种意义上来说，中国走上计划经济的这条道路，迎合了当时全球的这样一个大的思潮，因为很多殖民地都在纷纷地独立，往往都走向计划经济。另外，就是学习苏联。到第二次世界大战期间，苏联的经济令整个西方世界哗然——觉得苏联经济找到了一种新的模式，因为它的经济增长特别快。

"统销统购"政策的提出和演化是对应了计划经济阶段什么样的社会发展需要？

陈平 北京大学国家发展研究院 / 中国经济研究中心教授：

统购统销的方式是非常简单的。人心最大的不稳定因素，甚至农民起义造反都是为了什么？都是为了粮食问题。地主或交易商囤积粮食，老百姓要生存，最后就抢粮，造成暴动。所以刚刚解放的时候，曾经实行了一阵子类似于苏联的新经济政策，允许粮食自由买卖。后来很快发现，中国第一地域非常广阔复杂，第二灾害频繁。经常是北方旱的时候，南方涝。所以政府手上要是没有粮食来调剂的话，国家的稳定性就很可能会大受影响。

所以陈云提出建议，实行统购统销政策，立刻就保证了老百姓在各个区域之间的稳定和粮食的调剂，也保证了军队稳定。中国有一个非常简单的道理，就是毛泽东后来在"文化大革命"中讲的，也就是朱元璋能够得胜的诀窍——"高筑墙，广积粮，缓称王"，实际上积粮是屯军的基本办法。

所以粮食统购统销，是当时新生的人民共和国生存下去的唯一办法，也是发展的基础。后来西方经济学家批评当时有市场经济的可能性，我认为这种可能性几乎是不存在的。

实际上，中国的统购统销是逐渐放开的，包括邓小平同志上台以后，也不是一下子放开的，中国改革成功最重要的经验就是双轨制。双轨制是什么意思？就是用原来计划经济的一轨保证稳定，然后另开一轨，允许私营资本发展起来，允许外国资本进来投资，就会带动中国的产业技术进步。

计划经济解决什么问题呢？解决民族存亡关头集体生存的问题。在度过了生存线以后，社会需要发展，就必然要走到市场经济下的开放体制上去。

如果真的把人民币给消灭了，这对这个国家，或者对人民来讲，会有什么影响？

丁一凡 国务院发展研究中心世界发展研究所副所长：

实际上，货币对于人类社会的发展是非常非常重要的。因为货币的出现，人类社会的各种各样不同劳动之间才得以交换，在货币出现之前，你的劳动是无法交换的，所以你最多是帮谁干一个好事而已，而当劳动无法交换的时候，就形不成各种各样的分工。没有分工，人类社会是很难进步的。

亚当·斯密曾经举过这样一个例子：如果一个人要做一件不大的事情，例如想要制造一个铁钉的话，那么他用毕生的精力都不可能完成这样一个艰巨的任务。因为他需要跑到山里面去寻矿，探矿。探出了铁矿以后，要用很长时间想办法把这个矿挖出来。把这个矿挖出来以后，他要去挖煤。挖了煤，要建窑，然后把这个铁炼出来，再想办法把它做成钉子。对于这样一个复杂的过程，即使他把毕生精力都用上，也造不出一根钉子。但是人类有了劳动分工之后，做这样的事情就非常容易，就会有一批人专门去挖矿，有一批人专门去挖煤，有一批人专门去建窑，有一批人专门去炼铁，然后有一批人专门去做钉子。这样把每个工作都分化了以后，你会发现把这些做出来的钉子除以参加各种各样工作的人数的话，就想当于每个人一天可以做很多很多钉子了。社会财富实际上就是这么创造出来的。社会分工造就了社会财富，造成了今天这样的局面。

但是，所有的这些社会分工之间都有一个劳动交换的问题，货币就是这种劳动交换的媒介。如果没有货币，这些劳动之间就无法交换；没有交换，就没有分工；没有分工，就很难实现生产。这是一个很有逻辑的故事。如果没有货币，那就没有交换的媒介，那我们的劳动交换都不可能实现，而没有劳动交换，没有劳动分工，那我们将来怎么可能进入一个——即使我们把它叫做共产主义社会——劳动分工比较复杂的社会？那是不可能的。

受困的人民币

  1978 年对于中国人来说是极为特殊的一年，在这个被后人称为"改革元年"的年份里，中国大地上计划经济体制的坚冰开始融解。有的人率先冲破了体制的束缚，开始品尝到人民币所带来的幸福滋味；有的人却因人民币"不合时宜"的出现而遭受无妄之灾。计划经济的惯性竟如此巨大，仿佛渗透了中国这片广袤的土地——随着时光流转，时代的记录终于艰难地翻过了这扭曲的一页。

　　微笑，如今人们照相时最常用的表情，也是摄影师用得最多的词汇，大概没有人会喜欢一张愁眉苦脸的照片。孙孟英是上海蝶兰摄影有限公司的总经理，自1976年以来，他每天和一张张照片相伴，见证着这个社会每一处细微的改变。

　　孙孟英　蝶兰摄影有限公司总经理：

　　"文革"时期大家看到的，都是千篇一律的，要么穿黄的军装，要么穿中山装，要么穿花一点的颜色，没有漂亮的发型，也不涂胭脂口红。从这里面我们可以看出，当时社会是比较保守的，人们对美的追求都被压抑。

　　那个特殊的年代仿佛只是昨天，有太多的事印刻在人们的记忆中，想来总令人百感交集。孙孟英至今还清晰地记得，在社会思想受到剧烈冲击的1966年，人们照相是不允许笑的。一对新婚夫妻省吃俭用，好不容易攒了2块钱人民币高高兴兴上影楼拍结婚照，却遭遇了一个"不能笑"的难堪场面。

◎蝶兰摄影

◎孙孟英

孙孟英　蝶兰摄影有限公司总经理：

当时照相的时候，那个摄影师很严肃，要革命化。本来照结婚照应该是很开心的，所以他们就笑了，尤其是新娘子笑得很开心。这一笑，那个摄影师就不高兴了："嗯，不能笑，世界上还有三分之二的人民在受苦受难，台湾同胞还生活在水深火热之中，我们怎么可以笑

◎不能微笑的结婚照

呢？你们可以拍结婚照，是为革命而结婚，为革命拍结婚照，必须要严肃，不能笑。"

俞吾金　复旦大学哲学学院教授：

完全能够理解。因为在当时的情况下，你去照相的话，有的地方还让你背《毛主席语录》，或者唱革命歌曲，然后他才给你照相。其实，照相当然是要笑的。夫妻结婚，你也要人家把革命精神渗透进去，那我要问他："你革命为了什么？你不是为了解放所有的人让他们笑出来吗？你不让革命主体笑，你让什么人笑？让阶级敌人去笑？"这个在任何逻辑上都是愚蠢的，但是那个时候，这就是生活啊！

宝贵的人民币，换来的只能是这样一张张单调的照片。这些表情，折射着当时中国人的刻板、贫穷与封闭。虽然到1978年，改革开放的春风开始撩动中国大地，但人们的一切活动仍然摆脱不了那张如铁幕般沉重的巨网。计划经济还在死死压制着人民币的自由腾飞，也牵绊着中国人前行的脚步。

1978年年底的一天，北京市工人俱乐部主会场里的一千多张椅子座无虚席，文化部和全国总工会的联合表彰大会正在热烈进行。这次大会表彰的是此前轰动全国的一部批判"文革"的话剧——《于无声处》。一个月前还在担心因此坐牢的业余编剧宗福先，此刻正沉浸在无比的喜悦中。而让刚刚年满三十、工人出身的宗福先更没有想到的是，他还因此得到了一千元奖金。

宗福先　话剧《于无声处》、《血，总是热的》编剧：

当时是发了一个奖状，颁奖时说奖励作者一千块人民币，奖给剧组四千块人民币。那么，说到奖给我一千块人民币的时候颁奖台下"嗡"一下，整个会场就跟炸了马蜂窝

似的。我心里想大概这是一笔巨款，因为在那个时候，很多人一个月工资也只有三十几块钱。不得了，真的不得了，所以一下子整个会场像炸了锅了。

◎宗福先（中）领奖

苏乐慈　话剧《于无声处》、《血，总是热的》导演：

当时宣布奖金，宗福先被奖励了一千块，下面一下子就哄起来了，那时候的一千块，我们觉得到他孙子那辈都用不完了。

朱大可　同济大学文化批评研究所教授：

巨款，真是一笔巨款，你想当时一篇稿子的稿费也就是一二十块钱，非常低，有的时候四五十块钱那已经算是很高

◎《于无声处》手稿

的了，因为它远远超过你的工资收入。这一千块钱在 1978 年的时候是一个巨额数字，所以我相信一个新的时代即将到来。我觉得从 1978 年开始人们才意识到还有一种东西叫巨款，这在此前是没有的。

宗福先得到一千块奖金的消息不胫而走，很快传到了他工作的上海热处理厂，没等他回来，工友们就迫不及待地把他车间里的东西都私分了。他们认为宗福先回来后不会继续待在工厂干活，他已经"鲤鱼跳龙门"了。

宗福先　话剧《于无声处》、《血，总是热的》编剧：

演出完了回到上海以后，花了两天时间总结工作，我就回厂上班了，特别奇怪

就发现我的东西怎么没了，脸盆、工作服、肥皂……还有拖鞋，怎么都没有了？后来一个师傅，也是我的一个朋友就笑了，说我们分了，你拿了一千块奖金还回来上班干吗？有了一千块钱你还用上班啊？

胡伟克　上海热处理厂原职工：
厂里人说你不要来上班了，好像奖金会吃不完、用不完一样的。

其实，对于这笔钱的用处，宗福先早有计划。

当时，刚过而立之年的宗福先已有心上人，但在 20 世纪 70 年代末的上海，如果没有"三十六条腿"，谁也别想把姑娘娶进门。这"腿"指的是家具的腿，男方要置办四条腿的大床和配套的床头柜，还有五斗柜、大衣柜等，加起来至少要凑足三十六条腿才算"合格"。为了这"三十六条腿"，当时月收入仅 39 块 6 毛 6 的宗福先一筹莫展，而这笔奖金的到来简直是雪中送炭。宗福先立即四处活动，托关系找朋友弄来家具票，加上结婚证，这才去家具店排上了队。

◎《于无声处》剧组进京

◎宗福先与其他青年工人

宗福先　话剧《于无声处》、《血，总是热的》编剧：

结婚那年我记得是买了一套家具，家具也要凭票，凭结婚证、户口本到某一家家具店去登记，然后他就在你的结婚证上面盖一个图章，表示你的家具买过了，不能拿这张结婚证到别的地方再去买。不但凭票，还得抢。家具来了就没了，到货就抢光了。那天，一个认识的营业员帮忙抢了一套，然后赶紧去付钱，找一辆车拉回家。

管毅平　上海交通大学安泰经济与管理学院经济学教授：

你拿粮票可以去买东西，但是规定数量、时间和地点，你是不能多买的。全国每个人都有一个粮本，然后发粮票，还有有油票、肉票、布票，数量都是规定死的，比如油票每个人每个月半斤，这是好的地方，你看辽宁就有一段时间是每月三两，咱们今天做一顿饭可能就用完了，对吧？肉每个月一个人的供应量是一斤，还是带皮带骨带肥的。所以每个家庭，比如一个标准的四口之家，要吃肉的每个礼拜吃一次，用一张票去买一斤肉，这就是计划经济。

赵锡军　中国人民大学财经学院副院长：

整个20世纪60年代到70年代，甚至到80年代初，在相当长的一段时间里，我们的日常消费和居民生活跟票证都是密切相关的，是离不开票证的。做衣服要买布，那就要布票；吃饭要粮票；买一些副食品，特别是像肉、蛋，就要肉票和鸡蛋票；甚至买火柴，都要火柴票！几乎主要的消费品和生活必需品都是按票来配给的，这些票实际上就相当于为销售和消费做计划。

花费420元置办了全套家具后，宗福先还想把婚礼搞得风风光光。他在中山公园旁的一家高档餐厅摆了10桌酒席，每桌50元人民币。这50元可是当时上海普通职工整整一个月的全部收入。10桌共500元，加上糖果烟酒，1000元奖金就这样被花得分文不剩。多年以后，宗福先还认为当年的婚事是他这辈子最奢侈的一次消费。

宗福先　话剧《于无声处》、《血，总是热的》编剧：

以前的人对钱看得不是那么重。一方面是没钱，另一方面许多东西不是靠钱能够买到或者做到的。有些东西是钱所不能替代的。

苏乐慈　话剧《于无声处》、《血，总是热的》导演：

那个时候每月能拿几十块工资都觉得不得了，现在的大学毕业生没有个两三千块工资人家还不愿意去呢。所以，时代变化太大了。当时的话剧里面有一句台词是，现在买一块豆腐都要1.3毛钱了！这句台词一说出来，下面观众就鼓掌了，觉得物价好贵啊，一块豆腐要1.3毛钱。每次我们的演员一说这句台词就特别使劲，因为效果很好，每次一说，台下就一片掌声，觉得说得太好了，说出大家的心里话来了。

尽管话剧《于无声处》让宗福先"一朝成名天下知"，但风光过后，他并没能像工友们想象的那样"鲤鱼跳龙门"，宗福先仍然得跟过去一样在厂里当他的工人，成为职业编剧仿佛是个遥不可及的梦。每月还是39块6毛6的工资，日子依然过得紧巴巴的。

在改革开放之初的上海，一千余万市民几乎都跟宗福先一样，靠着每月极为有限的人民币维持着温饱。他们的收入，已经有近20年未曾增加过。

叶辛　上海作家协会副主席：

1979年的10月，我调进了贵州省作家协会，然后拿上了平生第一份工资，28元整。其实那个时候的人就是拿着这样微不足道的钱，打发着一天一天的日子。在当时人的心目中，他的28块钱工资如果掉了，可能比今天4000块钱掉了还要难过。我前几天就被小偷摸了一次包，上火车的时候，3000 块钱被人掏走了，我心疼的程度绝对不比插队落户时被人在火车上掏掉一百多块钱。我那时心痛了两个多月，至今还记得；现在被掏了 3000 块钱，笑一笑也就过去了。

虽然暂时还当不了职业编剧，但宗福先的生活再也无法平静。十一届三中全会召开后，中国的发展重心开始转移到经济建设上来，很快便有人找到宗福先，请他写一部反映改革过程中经济矛盾的话剧。宗福先开始四处了解情况，搜集有关人民币的材料。经过细致调查，一个动人的故事进入了宗福先的视野。

◎上海印绸厂

上海印绸厂是一家老牌国营企业，跟当时所有的国企一样，厂长陈德纯只是计划的执行者，对于原料和产品并没有支配权，连盖个厕所都要请示上级审批。厂里的工人工作没有积极性，指标常常难以完成，这使得身为厂长的陈德纯夜不能寐。

苏乐慈　话剧《于无声处》、《血，总是热的》导演：

这个人物给我最大的触动，就是他说没有退路，再不改革就没有退路。这才是一个真正的共产党员，他最真诚的声音，也是当时全国老百姓最真诚的声音。其实，他当时面临的不仅仅是一家国企的困难，我觉得他面临的困难也正是我们整个国家面临的困难。

还有一件事情也一直困扰着陈德纯。印绸厂每天都会产生大量的丝绸边角料，而这些东西通常都被作为废料以十几块钱一吨的价钱卖给废品公司。如何把它们利用起来产生经济效益，成了陈德纯脑子里挥之不去的问题。在一次丝绸商品交易会上，他发现外国人特别喜欢有中国特色的丝绸制品。既然这样，为什么不能把这些丝绸边角料变废为宝卖给外国人呢？陈德纯为自己的这个想法兴奋不已。

◎废弃的丝绸边角料

回去后，他立即组织人员设计生产。很快，一条条由丝绸边角料拼接而成的精美手绢样品被生产了出来。陈德纯拿着这些样品去和友谊商店的经理谈合作，不用对方出一分钱，只是利用店面帮忙卖手绢，销售额则五五分成。不出所料，他开出的优厚条件让对方无法拒绝。

定价10元的手绢一个月就卖出了300多条，印绸厂获利1000多元。陈德纯把这些人民币作为奖金，一部分奖励用额外时间生产手绢的工人，另一部分奖励超额完成计划生产任务的人。当月，厂里的生产任务竟破天荒地全部完成了。

然而，这个一举多得的好事不久之后竟引来了祸端。陈德纯私自安排生产销售的行为，被举报到了上级部门。当时所列的几条"罪状"，包括私自安排厂里的原料生产、私分奖金、私自更改生产计划等。厂里还有不少人要陈德纯下台，甚至要组织批斗他。

宗福先　话剧《于无声处》、《血，总是热的》编剧：

谁让你把这个东西做成手绢去卖的？你卖给废品回收站是对的、应该的、合法的，你做成手绢去卖就是不对的。不允许做买卖。

友谊商店

20世纪70年代后期，中国最初对外开放阶段，只服务外国人、外交官和政府官员的国营商店，售卖从西方进口的物品以及中国的工艺品，且只接受外汇兑换券。友谊商店开设在主要城市里，作为对外国友人的友谊象征。如今，仅在北京、上海、广州等地特别保留了为数不多的几家大型友谊商店，且对顾客已经没有限制。

孙立坚　复旦大学经济学院副院长：

我也是从那个时代过来的，我们当初要是做这种事情的话，真的可能会上纲上线，认为你是反社会主义的，让你失去工作岗位，甚至记过、判刑的可能性都有，所以那个阴影我觉得很大。

在巨大的压力下，陈德纯并没有退缩，就在即将被带走审查的时候，他向全厂职工发表了演讲，大声呼吁道：要用鲜血做润滑剂，使锈蚀的机器能够转动起来，无论如何，血总是热的。

这个故事令宗福先感慨不已，也点燃了他的创作激情，不到一个月的时间，一部四万字的剧本就完整地摆在了他的写字台上，他为这部话剧取了一个名字——《血，总是热的》。这部戏所反映的，正是当时在中国大地上每天都在发生的关于中国人与人民币的真实故事。

宗福先　话剧《于无声处》《血，总是热的》编剧：

最后到当年年底进行结算，他为国家挣了大笔的外汇，那时候国家外汇资金十分紧张，1980年不是有这么一个故事吗？我们国务院要问哪一个国家借一百万美金，结果居然没借到。一百万美金啊，现在上海许多家庭都拿得出来，但是那时候整个国家都没有。所以，最后他胜利了，因为他赚了大量的美金，因为他让工厂的利润上去了，他成了上海市的劳动模范。

◎《血，总是热的》手稿

1978 年对中国人来说是极为特殊的一年,在这个被后人称为"改革元年"的年份里,中国大地上计划经济体制的坚冰开始融解,有些像陈德纯那样率先冲破体制束缚的人,开始品尝到人民币所带来的幸福滋味。但还有更多的人,因为人民币"不合时宜"的出现而大难临头。

1982 年 3 月的一天,一个名叫韩琨的技术员,正在不安地等待着上海市长宁区法院的判决。三个月前,韩琨被长宁区检察院提起公诉,原因是他收受上海钱桥橡胶厂1200 元酬金,构成了受贿罪。韩琨怎么也没有想到,自己靠辛苦劳动换来的人民币,竟让自己成了罪犯。

葛剑雄 复旦大学历史地理研究中心原主任:
我当时参与审理一个案子,说这个人犯了"投机倒把罪"。那么什么是投机倒把呢?比如案子里这个人多才多艺,为人家修汽车,修好汽车以后,人家当然得给他一笔钱作为报酬了,后来说这个全部算投机倒把罪。他不是国家机构,属国营的,怎么可以给人家修汽车?还有就是当时打击投机倒把,所谓投机倒把,比如说上海城里什么东西便宜,把它转卖到乡下去,这就叫投机倒把。那么投机倒把的特点就是不属于国家计划经济体系内,还有就是个人赚钱。而在中国农村里面的"割资本主义尾巴",比如农民养个鸡,生几个鸡蛋拿去卖,这就是"资本主义尾巴"。

韩琨当时是上海橡胶制品研究所的助理研究员,月收入 76 元,并不算低。但靠这点人民币来维持全家人的日常生活,还要供两个孩子念书,就显得有些捉襟见肘了。守着一身本事却让一家人仅得温饱,不惑之年的韩琨时常感叹生不逢时。

1979 年的一个夏日,韩琨下班回到家,发现家里来了两个陌生的客人,他们是奉贤县钱桥公社橡胶厂的领导。这家橡胶厂由于缺乏技术支持,没有过硬的产品,因而濒临倒闭。经过多方打听,他们找到了韩琨,想聘请他为橡胶厂的兼职工程师,帮助工厂扭转颓势。

然而,面对这样的机遇,韩琨顾虑重重。

◎韩琨

韩琨　时任上海橡胶制品研究所助理研究员：

我有个亲戚，他到我家里来，说他们家乡的书记找他，听说他有亲戚在上海橡胶研究所，问是不是能帮忙请请，给橡胶厂当个顾问。我说我也没时间，我要上班啊，怎么弄呢？当时是拒绝他了。我想，一个厂来请我，这个在体制上是不是允许？

改革开放之初，上海已有不少技术人员在节假日"偷偷摸摸"地跑到江苏等地担任乡镇企业的顾问，这些人被称为"星期日工程师"。1979年，钱桥的"星期日工程师"已有80多人，带动公社搞活了30多家企业。钱桥橡胶厂认准了韩琨就是他们需要的人，一连三次登门求贤，终于把钱桥橡胶厂业余工程师的聘书送到了韩琨的手里。对方的诚意打动了韩琨，他答应只做业余顾问，但不拿报酬。

刘正贤　时任上海市奉贤县钱桥镇党委书记：

我有一种求贤若渴的感觉，因为如果要改变当时我们钱桥一穷二白的面貌，要改变我们橡胶厂亏损的局面，我觉得一定要有一个合适的人才来帮助我们。我们需要像韩琨这样的人，不是要你放弃正常的工作，而是你用业余时间为我们做技术上的一些指导。当时我们到他家里去，上门非常诚恳地做他的思想工作，一次不行，第二次再去，第二次不行，我后面的同事再去上门给他做工作。他最后终于答应了到我们钱桥来看一看。

韩琨　时任上海橡胶制品研究所助理研究员：

那时候就没有谈到报酬，业余的怎么算报酬呢？那时候也没有想得那么复杂，确实是没想到钱的问题，业余的，为了亲友的面子嘛！能够跑到上海来找我，县里一把手几次亲自来请，当时能够看得起我这小小技术员的人，也不多。

黄祖辉　浙江大学中国农村发展研究院院长：

对，怎么可以谈钱呢？国家发给你多少就是多少，而且还没有机会让你去获得更多。当时批判投机倒把，比如说凭票供应东西，上海是计划经济的高地，上海的资源多，拿了上海的东西去别的地方换，做一些物和物的交易，获得点利益，就要判刑啊！这就叫投机倒把，不可以的。

孙立坚　复旦大学经济学院副院长：

那个时候人们的整个思想，甚至觉悟，用我们现在的话来讲，非常的革命、朴素。因为当初越革命越朴素的东西，就越是被人崇尚。多赚点钱，那个时代压根都不敢朝这个地方去想，赚钱本身就是资本主义的东西。

经过 10 个月的努力，1980 年 12 月，韩琨牵头试制成功的新产品让钱桥橡胶厂获利 40 多万元。公社、工业组和工厂三级研究后，决定表彰韩琨，奖励了他人民币 1200 元。

韩琨　时任上海橡胶制品研究所助理研究员：

成功了以后，他们有了奖金，给了我 1200 块，我心里是蛮高兴的，那相当于我十几个月工资，那么一大把，我想想自己一辈子还从来没拿过那么多钱。

苏智良 上海师范大学人文学院院长：

在那个年代，财富在某种程度上，是一个罪恶的象征。大叠的人民币，就是你进行剥削的一个产物。所以我们这一代人，在幼小的心灵里面，看到钱不会很兴奋，而是感觉这个东西很鬼魅，弄得不好就会给你带来很多的麻烦和灾难。

尽管认为自己拿奖金理所应当，但经历过各种运动的韩琨始终有一种莫名的担忧。这一笔打破了自己平静生活的人民币究竟是福是祸，韩琨无法预料。思前想后，他越发不敢动这笔钱。

◎韩琨获得的 1200 元人民币奖金

韩琨　时任上海橡胶制品研究所助理研究员：

想想又觉得这笔钱烫手了，想来想去，还是把它存起来。我对我太太说，你去存五年，五年存下来以后，看它变化不变化。要是太平了，没人追查我这事了，我们就把它用了。要是追查的话，就交上去，至少我的罪名就不会那么大了。

即便如此小心，韩琨仍然没能逃脱厄运。事实上，就在韩琨刚刚把奖金存进银行不久，一场针对这笔人民币的调查就开始了。1981年10月的一个早晨，韩琨被检察院的人带走隔离审查。

原来，1981年全国掀起了对经济领域犯罪的严打活动，韩琨因接受了钱桥公社的报酬，被橡胶研究所领导举报为受贿。当年11月，韩琨的家竟然被检察院查抄。

刘正贤　时任上海市奉贤县钱桥镇党委书记：

那天晚上天气非常冷，我到他家里去，韩琨像个小孩子一样抓住我的手，他哭，他的爱人也哭。我说，为了我那些钱，你要是进去了，你们家人的生活费都由我们来承担，你出来后就到我们钱桥来，钱桥就是你工作的地方，就是你的家。

半年之后，检察机关认定韩琨受贿罪成立，橡胶研究所把他下放到车间接受劳动改造。时任《光明日报》上海记者站记者的谢军得知此事后，专门去看望了韩琨。

谢军　时任《光明日报》记者：

那个时候是1982年的12月份，外面天寒地冻，非常冷。可是，我到韩琨那个锅炉房，热得不得了，他穿了一件单衣在那里，满头大汗。他一看到《光明日报》记者来采访他，一下子非常激动，好像碰到一个亲人一样，差不多要掉眼泪了。当时，他的人很木讷，眼睛是呆滞的，就像一个罪犯一样。你想，他原来是从事科技工作的，他有自己的专长，在橡胶、密封圈方面他是一个专家，但现在他不能从事科技工作了，还把他下放劳动，等于是犯罪分子在劳动改造一样。所以，他的心情非常悲伤。

看望韩琨之行，使谢军的心灵受到极大的震撼。韩琨并没有犯罪，也没有对所在单位橡胶研究所造成任何损失，只不过是利用业余时间赚点钱解决家庭的困难，为什么要受到这样严酷的惩罚呢？

在那个计划经济年代，劳动者一旦被单位招用，就以国家职工的身份固定下来，直到退休。当时人们有一个根深蒂固的观念就是：人是单位的，就连头脑

◎谢军

也是单位的。拿头脑中的知识在本单位以外换取人民币自然不能被允许。韩琨一不小心就踩了红线，那笔不被允许、不被认可的人民币，完全没有给他带来任何幸福的回忆。相反，留给他的是精神和肉体的折磨，甚至是刻骨铭心的恐惧。

苏智良　上海师范大学人文学院院长：

其实在计划经济的年代里，人民币当然也是每个人希望得到的，但是很难得到。因为在一个平均主义的年代，你口袋里就这么点钱，你要想改善生活，是不太可能的，就这么一点固定的来源。上海出现了"星期日工程师"，就是有些技术人员到苏南乡镇企业去指导，然后得到一些额外的人民币。对于这种现象，当时的舆论，一开始持批判态度的多，认为这是一个不道德的行为，大家在那个贫困年代都是 36 块、42 块一个月的工资，独你多了几块人民币，人们对人民币的态度是不一样的。

刘吉　原中国社会科学院副院长：

计划经济荒唐到什么地步？这个工程师如果说他白天 8 小时干完了，回家去，打通宵的桥牌没有人过问，但如果这个工程师下了班以后，业余跑到科协来搞咨询，或者是我们组织他们到乡镇企业去服务，乡镇企业给他们点报酬，其实当时给的报酬也很少的，那就会被认为是在走资本主义道路了。你是国家的工作人员，你怎么能够拿这种报酬呢？你这就是违法的。

韩琨的悲惨遭遇让记者谢军彻夜难眠。在锅炉房的谈话之后，谢军又采访了法院、检察院等部门，紧急写出一篇稿子发往北京。

于是在 1982 年 12 月 23 日的《光明日报》上，谢军的那篇《救活工厂有功，接受报酬无罪》出现在头版头条，以醒目的标题坚定地支持韩琨。改革开放初期，《光明日报》是一份有特殊影响力的报纸，在全国一直领舆论之先。1978 年 5 月 11 日，《光明日报》公开发表了《实践是检验真理的唯一标准》的文章，引发了一场全国大讨论，为改革开放、解放思想奠定了舆论基础。五年之后，这篇旗帜鲜明的文章又引发了新一轮的讨论。

谢军　时任《光明日报》记者：

我觉得这是一种激愤，促使我要赶紧拿起自己的笔，我要用最快的速度，把这个事

◎ 1982 年 12 月 23 日《光明日报》上发表《救活工厂有功，接受报酬无罪》

◎ 1978 年 5 月 11 日《光明日报》上发表《实践是检验真理的唯一标准》

◎杜导正

情披露出去。这篇报道发回报社以后，报社非常重视，过了两三天就以头版头条登出来了，这个事情事先我也没想到。我也看了当天报纸，头版头条登出来，而且标题也非常醒目，叫《救活工厂有功，接受报酬无罪》，旗帜鲜明。

　　杜导正　《光明日报》原总编辑，1937 年加入中国共产党：

　　因为当时，整个的单位高层、中层思想很活跃，很解放，一切实事求是，一切以真理为标准，一切以人民的利益、意志为最高标准，这个在我们脑袋里面扎根扎得很扎实的。我觉得有些部门，有些领导干部、有些地方比较落后，所以《光明日报》应该往前冲。

　　孙立坚　复旦大学经济学院副院长：

　　"星期天工程师"的出现真的是中国走向市场经

济的一个重要标志，它起了很好的代表作用，使货币体现出知识的价值，激励人们发挥出自己的能力。后来我们看到，货币对于促进我们的智慧为社会作贡献起到了很好的推动作用。

同样是因为人民币，上海韩琨的厄运还没有过去，广州的叶经绪已经在监狱里待了一年有余。身为广州市水产局收购部经理的叶经绪入狱的缘由竟然是用现金进行了交易。

广州地处华南沿海，珠江的三大支流——东江、西江、北江在此汇合流入南海。坐拥如此丰富的水资源，在20世纪70年代，广州人却要为吃鱼而发愁。

周艳红　广州市委党史研究室副研究员：

虽然广东这边水多，水里产的东西也多，但是因为一计划，就很难送到老百姓的手里。我觉得当时吃到水产比较困难的原因，就是以粮为纲的政策。当时的战略高度主要是粮食，就是说战略储备粮食类，对水产这些东西没有很重视。人们要想吃鱼得凭当时发的二两二两的鱼票去买，一家五口人一个星期一斤鱼票，基本上就没法买，市场上也没鱼卖。虽然塘里的鱼多，但是不给你拿到城里来卖。同时，鱼还有一个保鲜的问题，一家人好不容易存了几斤的鱼票，去排队买鱼，但因为广东天气热，保鲜条件又不够，到时候又没得鱼买。生产与需要已经完全脱钩。

姚国成　广东省渔业协会副会长兼秘书长：

广州吃鱼难，不应该。为什么呢？因为广州以珠江三角洲为依托，是一个中心城市。珠江三角洲是我们全中国最大的养鱼基地，养的鱼除了供应香港、澳门，主要还是供应广州，当时也是采取这种措施来做的。广州吃鱼难，主要是当时我们的政策不好。农民辛辛苦苦养的鱼，只能够卖三四毛钱一斤，但是我们养鱼的成本就要那么多，养鱼根本不赚钱，所以造成了渔民对养鱼没什么积极性，所以产量低，加上当时广州跟我们的养鱼地区不是一个行政区域，广州的鱼是靠当时的佛山专区生产供应的，由国家来调拨，这也会出现很多问题。鱼米之乡吃鱼难，广州市民吃鱼在当时都是只能靠发的鱼票去买，每年发一些鱼票，每个月都会去买，但是凭鱼票买到的鱼，都是质量很差的鱼。

　　为了解决广州人吃鱼难的问题，时任广州市水产局局长的尹春晏自作主张，放开了当地的水产市场。附近的农民可以将自己养殖的水产通过议价直接卖给水产局，再由水产局出售给市民。市场的放开，带动了农民养殖水产的积极性，广州水产市场很快就热闹了起来。

　　然而好景不长，一个跟人民币有关的问题出现了，叶经绪也因此锒铛入狱。

　　这样的不幸遭遇，给广州水产市场的开放投下了一个巨大的阴影，此后将近一年的时间里，广州的水产市场几乎又回到了计划经济时代，毫无生气。

　　周艳红　广州市委党史研究室副研究员：

　　当时为了改革，水产局就设立了一个收购部，就是说把所有的河鲜杂鱼收购到这里来，像个批发总部一样，然后再卖出去，叶经绪就是这个收购部的一个经理。作为收购部，面对的是普通的渔民，他就必须用现金交易，必须马上给钱，才能收到东西，才有东西可以卖出去。然而在当年，这种方法是不允许的。我们都知道计划经济都是统购统销，所有的东西都是用支票或者打白条这样一些方法来进行的。然而，他用现金交易，于是就被告到了市检察院，说这是一种违法的行为。然后检察院就派了一个工作组过来调查，叶经绪被判了四年牢。叶经绪为经营水产的决定付出了代价，为改革付出了代价，实际上不应该由他来付这个代价。

　　张鸣　中国人民大学政治学系教授：

　　在那个时代人们在经商贸易上基本没有自主权，没有经商自由，不能自由选择职业、进行市场贸易，这些都不被允许，甚至连老百姓到市场卖个鸡蛋都不行。在计划经济时代，人的生活是被支配的。你要想捣鼓买卖，就是投机倒把，就是犯罪。

　　张军　复旦大学经济学院教授：

　　货币在计划经济里面，它的角色是被动的，也就是说货币对经济没有任何的影响，所以它是个被动角色。可以不要它，取消都没有问题，只要用别的东西替代它就行。货币就是个凭证，就是一个计价单位，所以它既没有价值储藏的功能，也没有促进一个国家的经济发展的功能。

计划经济的惯性是如此巨大。在根植于中国这片广袤的土壤近30年之后，计划经济几乎已渗入中国人的骨髓，改造了中国人的思维。人民币在很多场合中的存在都显得那么尴尬。它往往不能扮演"额外收入"、"奖金"或是"报酬"的角色，稍有不慎，就会把人们拖入万劫不复的深渊。它也不再是纯粹的货币，因为绝大多数市场交易都被禁止，即便在日常的使用中，它也会受到种种粗制滥造的票证的限制。人民币不能帮助人们构建自由的生存空间，也不能让人们享有平等的生存权利。重压之下，人们不得不逼迫自己作出改变，去适应那个畸形的年代。

右图中的这个包裹是一位母亲的遗产，里面是她几十年省吃俭用积攒下来的粮票，足以用来购买超过1200斤的粮食。对于她的儿子郎永生而言，这包粮票极为沉重。

◎郎永生母亲遗留的包裹

孟舟 《大河报》记者：

这是一个真实的故事，故事的主人公叫郎永生。应该是在1992年或者是1993年的时候，他母亲在弥留之际拿了一大包的粮票交给他，这算是给他儿子的一个最珍贵的遗产。

郎永生 河南省扶沟县政协原办公室主任：

我家里负担重，弟兄五个，上面还有爷奶和娘，都跟我们在一起生活。粮食供应呢，就是市民都是26斤，我父亲可能是29斤，但这些粮食是远远不够吃的。从我记事开始，就感觉我们一直处于这种吃不饱的状态。看我年轻时候的照片吧，那时我们大部分人都处于这种面黄肌瘦、营养不良的状态。那个时候，无论你工资多高，粮食供应被限制住了，你吃不饱是肯定的。

老人的所为，给家人留下了无法言说的遗憾。

和中国亿万个普通的城乡居民一样，郎永生的母亲对粮票的珍视，源于20世纪50年代中期实行的"粮食定量供应"。1955年8月25日，国务院全体会议第17次会议通

◎ 1955 年 8 月 25 日《人民日报》头版报道"粮食定量供应办法"

过《市镇粮食定量供应凭证印制暂行办法》，各种粮食票证很快便铺天盖地地进入了老百姓的生活。即使是一碗饭、一口汤，只要离开小小的粮票，就没得吃、没得喝。

孙立坚　复旦大学经济学院副院长：

按道理来讲，票证对于人民币而言是一个补充的作用，不是一个替代的作用，但是我们看到很多人，尤其家里有男孩子的，都拼命地把自己的钱节省一些，然后用钱去买粮票，去买油票，保证自己家里的年轻孩子将来能够有粮食吃，能够健康地成长。1993 年，老人把这些当初这么宝贵的资产，在去世前交给孩子的时候，实际上我们就看到了计划经济所留下的后遗症。听到这样的事实，我们确实是感慨万分，心里的酸楚真的是无法用语言来表达的。

沈志华　华东师范大学历史系终身教授：

那时粮票就是生命的源泉，没这玩意儿没得吃啊，你光拿钱买不来粮食的。而且，当时也没有其他的市场，只有公家的粮店可以提供粮食，而且还是固定额度的。买粮食得靠户口本、粮票、钱，三样少一样都不卖。所以，不是说你想去哪一个粮店买粮食就可以,你得在他那个范围内,这就是计划经济,都给你控制好,这一个地区多少人开几家粮店,进多少大米、多少面,根据他们个人的户口上的粮食定量一加,不会多也不会少。

郎永生一家七口人,20世纪五六十年代,他们每人每月平均只有20多斤的粮食定量,不到月末,粮票就会吃完,饥饿是他们全家最刻骨铭心的记忆。那些年,郎永生的母亲总要到处借粮票,借不来时,就只有去农贸市场直接用人民币购买高价粮。

郎永生 河南省扶沟县政协原办公室主任:

因为要一大家子吃饱,我母亲是可以说是费尽了心机,多方操劳。她不够吃了就要去借粮票,借不来粮票就要去买。当时的粮票,经常借不出来。这时候我们就去市场上买高价粮,实际上就是过去说的黑食粮。高价粮里有各种杂粮,也有小麦,这都是原粮,都要再加工。

张卓元 中国社会科学院经济研究所研究员:

粮票当时是大家觉得最珍贵的东西,我们过来人都特别重视这个粮票。因为没有粮票你吃不饱饭,特别是一家子,你不是一个人。

在票证的压制下,人民币显得暗淡无光,活力尽失。这给郎永生的母亲心里留下了深刻的烙印。

到20世纪80年代,郎永生兄弟五人都参加了工作,生活渐渐好转,粮食也够吃了。郎永生原以为苦了大半辈子的母亲终于可以喘口气,过上幸福的生活,没想到她却不幸患上了重病。

郎永生 河南省扶沟县政协原办公室主任:

我们弟兄几个经济条件好了以后,母亲那么操劳,我们也在经济上尽量满足她。当时谁给她钱她都要,来者不拒。有时候一段时间不给她,她也会向你要,发工资了,还有没? 有的话拿过来点。我当时就问,您要这些钱干啥呢?

那一笔笔人民币都花到哪里去了? 这个谜团,直到1993年才被解开。

郎永生　河南省扶沟县政协原办公室主任：

我们真正知道粮票在她心里留下了不可磨灭的印记，还是在她弥留之际。那时候她已经不能说话了，她示意其他人出去，就留下我和我妻子。然后她示意我们打开她的柜子。打开了以后，再示意打开这里面的一个木匣子。这个木匣子里面有一个布包，一层一层地打开，那个绳子很长，缠得很紧。布包里面又裹了一个塑料纸包的东西，几层打开以后，我们也不知道是什么。到底是叫我们看什么呢？结果里面打开来，全部是粮票。有全国的，有河南的，有大的，有小的，有一斤的，有十斤的，还有几两的都有，各式各样的票证都有。

孟舟　《大河报》记者：

作为一个农村的母亲，她经历过战乱，经历过三年自然灾害，对她来说，粮食是无比重要的。在那个计划经济年代，粮票可以说等同于人民币，甚至从某种程度上来说，它比人民币还要珍贵，还要重要，没有粮票寸步难行。作为一个母亲，她含辛茹苦拉扯几个孩子，在她内心就认为，吃饱肚子是天大的事。那么如果说我有机会，我就攒尽可能多的粮票，留给我的儿子们。这个念头，这个念想一直在老人家心里头难以释怀。她就认为，我攒够足够多的粮票，我的孩子们就有饭吃了，那我的心也就安了，将来有一天即便是我死了，我的孩子们仍然能吃饱饭，作为母亲，我也能含笑九泉了。

郎永生的母亲带着欣慰走了。在她辞世的几个月后，河南省政府就出台了《粮食

◎郎永生母亲遗留的粮票

流通体制改革方案》，这次粮改的主要任务是放开粮价，实行市场化经营，停止粮票的流通。正是在这一年，全中国的粮票终成废纸，从此退出了历史舞台。人民币重焕生机，时代也终于艰难地翻过了那一页。

◎《河南日报》报道《粮食流通体制改革方案》

季卫东　上海交通大学凯原法学院院长：

作为媒介的这个货币，其实是具有非常强的平均化功能的，它使得这个社会没有身份、等级这些明显的区隔，使得人们可以通过同一个媒介来交换自己的需求和价值，那么在这个意义上来说呢，货币经济会推动社会平等的发展、自由的发展。

这就是那个年代中国人和人民币的故事。一张张人民币映照的是一个个苦难的生灵，但他们的命运恰如人民币的命运，虽然受困却从未失去希望。

关于"星期日工程师"韩琨的那场大讨论惊动了中央，韩琨最终被判无罪，理直气壮地拿回了本该属于自己的1200元人民币。这个案例也拯救了全国超过6000名正在被调查的"星期日工程师"。

韩琨　时任上海橡胶制品研究所助理研究员：

我作为技术人员看到我自己的能量，能够帮助一个乡镇企业，我这一辈子都为做过这件事情感到欣慰。这个事情我到现在都不后悔。为什么不后悔？因为我为"星期日工程师"开了路。

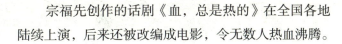

◎宗福先（中）、苏乐慈（左）与记者合影

◎宗福先（右）和曹禺（左）

宗福先创作的话剧《血，总是热的》在全国各地陆续上演，后来还被改编成电影，令无数人热血沸腾。

宗福先　话剧《于无声处》、《血，总是热的》编剧：

我觉得我最初的一个想法是，人民不会永远沉默，人民有表达自己愿望的权利。这个戏它是自己出来的，但是它为什么最后会成功？因为它代表了一种人民的愿望，无论什么人，也无论什么政权，你都不能轻视、忽视人民的愿望，这是历史的一个明明白白的结论。我毕生的愿望就是我的作品永远要反映人民的愿望。

在广州，已经没有人知道叶经绪出狱后的去向，他也许就在这座城市的某个角落安享晚年。而河南的郎永生，至今仍珍藏着母亲留下的那包粮票。

郎永生　河南省扶沟县政协原办公室主任：

我想还是把这段历史留下来，为了给后代留个纪念，而不是为了收藏。我想让后代明白我们现在的生活来之不易。我们过去那些走错的路子，还是要尽量避免，不要让我们的后代再走过去的老路。

左边的图片是20世纪80年代孙孟英的结婚照，曾经的黑白已经变成了彩色，服饰和发型也变得新潮起来。更让人难忘的是，这一代人的脸上终于开始有了久违的微笑。

◎孙孟英的结婚照

独家访谈
EXCLUSIVE INTERVIEW

从计划经济以及与之对应的票证系统的施行到取消经历了什么样的演变，对中国人民有着怎样的影响？

温铁军 中国人民大学可持续发展高等研究院执行院长：

从 1958 年开始建立城乡结构，城市就完全靠票证来保证人们的基本消费了，这时候人们并不用货币来标识自己的全部消费。货币就变成了第二票证，第一票证就是那些本啊、票啊。第一票证系统决定你该得到的份额，货币只是你得到这个份额的时候的一个中介物，它并不等价，它不是一般商品等价物，它的基本货币功能并不体现，所以中国在这时候是处于"去货币化"的时代。民国政府时期的货币化，是一场灾难。而在整个 20 世纪 50 年代，中国是"去货币化"的时代，这个政策恰恰使得中国没有出现民国那个年代的灾难，但这时候货币不是货币。

在城乡结构形成的时候，农民受到了极大的影响。不错，但那不是货币造成的，而是由这种"剪刀差"，为了国家工业化提取原始积累，占有农业剩余，是这样的一个体制造成的，它是一个客观的历史经验过程。没这个过程，就没有中国的工业化。其实所谓计划经济，无外乎就是保证城市工业，可以一方面从农村得到剩余来支持工业建设，一方面稳定城市居民的基本生活。它用这种方式，使中国完成了整个国家的工业化过程，从时间看比西方用几百年进入工业化要短得多。我们大概只用了二三十年的时间，就基本上完成了工业化原始积累。但是，这工业化原始积累的几十年的代价非常大。那这份代价甩给了谁？甩给了农民，所以农民承载了这个代价所造成的一系列问题。

20 世纪 80 年代以后，整个工农业的发展速度都非常快了。到了这时候，票证已经从过去补贴温饱转变为补贴吃好。1992 年财政出现了严重赤字，政府在无力继续承担对城市居民的消费补贴的情况下，彻底放弃了票证系统。没有票证这个第一分配系统了，货币就成了交换中介。中国的货币化使货币成为货币，恢复了货币的基本功能。于是，1992 年就成了中国人民币的真正可称为货币的元年。

陈志武 美国耶鲁大学金融经济学教授：

中国社会对货币和货币化的理解，我觉得需要做一些修正，尤其是在今天。因为以前我们总以为货币化是很糟糕的一件事，就像如今大家都觉得什么东西都要靠钱，什么东西都以钱来做结算。但实际上，人类的货币化发展，总体上不仅仅解放了个人，而且给了人类自由，给经济增长带来了飞跃式的支持。在计划经济时代，尽管也有人民币，人民币也在继续使用，但是那些粮票、米票、棉花票、火柴票、肥皂票等，各种各样的票证实际上造成了反货币化。那种反货币化给人们生活带来的影响，不仅仅是把每一个人都约束在一个很小的地理范围内，那些方方面面的票证政策，实际上对于压制中国人的自由起到了一些根本性的作用。

在中国施行计划经济体制期间，人与人民币的自由受到了怎样的限制？

王一江 长江商学院经济学及人力资源学教授：

人连居住酒店的自由都没有，因为那个时候你离开当地要去住酒店的话，必须要你的户籍所在地给你出具证明，表示你要到什么地方去，是出于什么目的，我们批准了。如果没有这个证明的话，你是不能住酒店的。另外一个有关系的东西就是粮票，那个时候你不管到了什么地方，买东西吃一定要有粮票，这个粮票分成全国粮票和地方粮票。全国粮票可以发给军人，发给一些国家允许跨地区流动的人口，而每一个地方的固定居民只能拿到当地粮票。你的粮票是跟你的户籍所在地连在一起的，你就是在北京，住在酒店里面，要上街吃个饭的话，光有人民币也不行，你要交粮票。而你如果是外地粮票而不是北京粮票的话，饭店是不会卖饭给你的，你就只能饿死在那里。

人民币的使用也是受到很大限制的，你要从银行里面把属于自己的人民币提出来，要办非常复杂的手续，要充分说明你取款的理由。第二个限制是在你提出钱来要买东西的时候。你到异地去吃饭，饭店里面会问你要粮票；你到商店里面去买布，他会问你要布票；你到市场上买鱼，也要副食品券。如果没有国家配给的各种票证的话，光有人民币买东西是非常难的。所以这个时候，就会有很多人拿钱到黑市上面去买东西。而黑市的买卖，是要受到打击的，是一种非法的行为，这是一个非常大的差别。而且，当时人民币本身就非常少，非常稀缺。

会飞的人民币

　　1978 年，中国人均储蓄存款额 21.88 元，人均 GDP 381 元，排在世界倒数第二位，是个名副其实的穷国。那一年，这个谈钱色变的社会终于开始发生了变化，个人追求财富、追求幸福的权利被前所未有地肯定，个体经济、私营经济重新崭露头角。从此，在南方的小村落，在沿海的小店铺，在北方的个体户，或是在温州的小民房里，一个个梦想随着人民币开始起飞。

◎李嘉诚

◎潮州古城

1978 年 10 月，广东潮州迎来了一位特殊的客人，他就是香港商人李嘉诚。对于当时大多数中国老百姓而言，李嘉诚是个极其陌生的名字，唯有少数潮州人会从往来的偷渡客口中隐约得知，李嘉诚是香港赫赫有名的有钱人，有着数不清的钞票。

对李嘉诚而言，潮州是他阔别了整整 40 年的故乡，与 1938 年离开时相比，这座古城几乎没有什么变化，只是更加陈旧和破败。《李嘉诚全传》中记载了他第一次重回故土的感受："40 年后的今天，我第一次踏上我思念已久的故乡的土壤，虽然一路上我给自己做了心理准备，我知道僻远的家乡与灯红酒绿的香港相比，肯定是有距离的，但是我绝对没想到距离会是这么大。我看到站在道路两边欢迎我归来的——我的衣衫褴褛的父老乡亲们，我心里很不好受。我心痛得不想说话，也什么都说不出来，说真的，那一刻，我真想哭……"

这是李嘉诚眼中的家乡，也是 20 世纪 70 年代末中国的缩影。1978 年，中国总人口数 96259 万，人均储蓄存款额 21.88 元，人均 GDP 381 元，排在世界倒数第二位。这个国土面积为 960 万平方千米的国家是个泱泱大国，却也是个名副其实的穷国。

此次回乡，李嘉诚是应邓小平的邀请前来参加国

第二十章
游子回乡　报效祖国同心碑

话会上，李嘉诚说出一席感人肺腑的话：

"我是1939年潮州沦陷的时候，随家人离开家乡的，到今天已经有整整40年了。40年后的今天，我第一次踏上我思念已久的故乡的土地，虽然一路上我给自己做了心理准备，我知道偏远的家乡与灯红酒绿的香港相比，肯定是有距离的。但是我绝对没想到距离会是这么大。就在我刚下车的时候，我看到站在道路两边欢迎我归来的，我的衣衫褴褛的父老乡亲们，我心里很不好受。我心痛得不想说话，也什么都说不出来。说真的，那一刻，我真想哭……"

李嘉诚说到这，已泪水潜然。

回港后，李嘉诚与家乡飞鸿不断，他在信中恳切地说："乡中或有若何有助于桑梓福利等，我甚愿尽其绵薄。原则上以领导同志意见为依归，倘有此需要，敬希详列计划示告。""月是故乡明。我爱祖国，思念故乡。能为国家为乡里尽点心力，我是引以为荣的"，"本人捐赠绝不涉及名利，纯为稍尽个人绵力"……

1980年间，李嘉诚捐资2200万港元，用于兴建潮安县医院和潮州市医院，大大改善了潮州医疗条件。

其后，李嘉诚积极响应市政府发起的募捐兴建韩江大桥活动。李嘉诚捐款450万港元，名列榜首，庄静庵(其舅父、岳父)居其二，陈伟南(香港屏山集团主席，饲料大王)列第三。共集善款5950万人民币，大桥于1985年奠基，1989年竣工。在大桥东侧留笔架山，有一座韩江大桥纪念馆，在捐赠芳名榜中，李嘉诚彩色大照片正在中。

李嘉诚还多次捐善款，资助家乡有关部门设立医疗、体育、教育的研究与奖励基金会，每笔数额10～150万港元不等。

李嘉诚慷慨解囊，善举义行，在家乡广为流传。尤令人称道的是，他淡泊功名，保持低调。他不同意以他的名字为潮安、潮州两医院命名。1983年元宵节，家乡政府有多项包括潮安、潮州医院在内的工程落成与开幕剪彩仪式，李嘉诚不愿参加剪彩活动。最后在有关领导的多次劝说下，才在开幕前的一分钟赶往医院剪彩。

李嘉诚的善行又岂止在他的潮州老家？

1984年，他向中国残疾人基金会捐赠100万港元；1991年，他又捐出500万港元，并表示从1992～1996年间，陆续捐赠6000万港元。

173

◎《李嘉诚全传》的记录片段

庆典礼的。像他这样有钱的资本家，多年来一直被这个国家定性为剥削者的代表，人们曾为新中国彻底铲除了资产阶级而欢欣鼓舞；而如今，身家过亿的李嘉诚竟然成了国家的贵宾！这是否预示着这个沉重而贫穷的国家正在发生着某种改变？

陈绍儒　时任《南方时报》记者，《胆从识来》作者：

把李嘉诚请到北京参加国庆观礼，是我们党中央向世人的一种表态，我们中国以后的道路，跟以前不一样，会让人家大开眼界，会以一种全新的面貌展现出来。这里首先有个信号——中国真真正正要大步前进、发展经济，建设社会主义的中国。这种建设，有新的内涵，不是过去简单笼统的社会主义道路建设，是有新东西的。这是很强烈的信号，让世界开始密切关注中国到底要怎么样做。其次，把这样的一个资本家请到北京来，在国庆观礼这样的场合里面亮相，对全世界的资本家，我认为也是一种信号。李嘉诚参加国庆观礼，他自己感觉到中国大概将有一种新的发展机遇，对以他为代表的资本家也是一种鼓舞，而且他也会想到如果这是一个激励，就不要错过这个机遇了。所以我认为这种做法在当时的影响是很大的。

戴国强　上海财经大学商学院副院长：

把李嘉诚当做座上宾请过来的时候，实际上是具有一种象征意义的，什么象征意义呢？就是谁发家致富谁光荣。能发家致富的人是值得尊重的，这就改变了人们认为发家致富就是剥削的观念。

马立诚 《人民日报》原评论员：

当时提出以经济建设为中心，代替了以阶级斗争为纲，这是治国理念的一个重要进步。邀请李嘉诚是这个时代变化的一个缩影。同样具有重要意义的，甚至意义更重要的就是，1979 年邓小平在人民大会堂曾邀请五位老人，也就是五位资深的原工商业者荣毅仁、古耕虞、周叔弢等来吃火锅宴，这就是改革开放初期著名的"五老火锅宴"。从这里就可以看出，邓小平当时决心要改变过去"一大二公，尽量国有化，尽量实行集体所有制"的局面，准备打开缺口，推动中国的私营经济的破壳与发展。

1978 年，中国人正在使用第三套人民币，对当时的中国老百姓而言，这套人民币扮演着极其矛盾的角色。在人们的日常生活里，人民币被视若珍宝，老百姓就算花几分钱也会反复权衡。毕竟，人民币是如此来之不易。但在人们的社会生活里，人民币却极少出现在公开场合的谈话中，那还是一个羞于谈钱、不能谈钱的年代，人民币每天接受着人们或珍视或鄙夷的目光，少而均匀地落在每个中国人手中。

然而，就在 1978 年，这个谈钱色变的社会终于将要发生变化了。

1978 年 11 月 28 日傍晚，广东肇庆的沙浦公社沙一大队突然停电了，这个中国南方的小村落顿时一片漆黑。这是从"十年浩劫"中刚刚走出来的中国农村，电力资源严重不足，为确保城市用电，农村的光明经常被牺牲。人们已习惯了这样毫无预兆的黑暗，唯有一个人，决定在这片漆黑中办一件大事，这个人是沙一大队的社员陈志雄。

当夜，他来到大队党支部书记梁新的家中，提出要以 1000 元人民币承包村南边的 8 亩鱼塘。在今天看来，这实在不能称之为一件大事，但在 30 多年前，这件事情却足以让陈志雄拿出誓死的决心。

张东升 《先行壮歌——震动中国的鱼塘风波和雇工挑战纪实》作者：

陈志雄的承包，应该说是在经济上赌上了全家的财产，在政治上赌上了全家的性命。在全家财产里面，其中绝大部分是儿子结婚的钱。在政治上，为什么说是赌上全家的性命呢？当时打击资本主义势力是很强烈的，政治上对这种事情是很敏感的。

◎陈志雄承包的鱼塘原址

◎陈志雄

姚国成　广东省渔业协会副会长兼秘书长：

因为当时所有的一切都是集体来干的。他这样一承包就变成个体了，鱼塘都是他自己的了，集体不能再过问他的其他事情。当时搞个体经济，是被认作走资本主义道路的，跟社会主义是分道扬镳的，是一个大忌。所以当时能够做这个，也是冒着很大的风险，才能去做的。

在沙浦公社，陈志雄和梁新一直很不安分。早在 1968 年年初，他们就一起组织社员自办过一个五金铸造厂。这个工厂填补了集体收入的不足，也为社员个人增收创造了新的渠道，但被上级政府定性为"走资本主义路线"而勒令停产。结果，沙一大队又回到贫穷的状态，梁新被撤销党内外一切职务，而陈志雄则被以"破坏社会主义"的罪名关押 13 个月。

此时，之前因为"走资本主义道路"而遭遇过牢狱之灾的陈志雄似乎是好了伤疤就忘了疼。他执意要承包的鱼塘，被当地人称为"烂塘"，一直是公社领导的心病，不仅长年入不敷出，还要占用人力看管。尽管如此，个人要出钱承包这块烂泥塘也是绝不可能被允许的，那可是破坏制度的大事。

梁新　时任沙浦公社沙一大队党支部书记：

当年陈志雄找到我的时候，自己当时是有思想斗争的。为什么呢？因为承包是不符合集体的社会主义路线的。但是，那些鱼塘荒着，不让他个人承包的话既觉得浪费，又减少了集体的收入。减少集体的收入就是减少了群众的利益。在当时来说，我是进退两难的。自己害怕，主要就是怕当时两条道路的斗争，无产阶级和资产阶级的斗争。把土地包给了陈志雄，就助长了他，以当时的话来说，就是助长了走资本主义道路的歪风。走资本主义道路就要挨批、挨斗的。

◎ 1969 年，梁新（左三）办铸造厂时，和厂里的生产骨干在一起

为了说服梁新，陈志雄有备而来。他掏出一份小心翼翼收藏的《人民日报》，借着油灯给梁新读了一篇并不显眼的文章：《切实抓好"小秋收"》。这篇报道讲述了贵州省东南部一个地区打破了固有限制，允许社员采收集体无力顾及的野生作物，售卖所得竟然还可以归

◎《人民日报》报道《切实抓好"小秋收"》

个人所有，每户社员因此增加收入三十多元。在那无边的黑夜里，陈志雄仿佛从这些铅字的缝隙中寻觅到了一丝光亮。他大胆地猜想，个人应该可以脱离集体去挣钱致富了。

梁新　时任沙浦公社沙一大队党支部书记：

那时候陈志雄主要是看了那份报纸，报纸上的信息表明国家已经在改革开放，我们承包鱼塘是不用怕的。当时看到报纸能够传达出来这些，我也有了一点胆子。从思想上来讲，就是为了改进，改变穷，逼着自己也要去做。

王巍　中国金融博物馆理事长：

我们说上大学、读书、出国、选择外资企业工作，这些其实都是争先，过去都是

人民币

党安排的，现在发现自己努力可以争先，是吧？而且要向富，要赚钱，要获得，理直气壮地去获得比较富足的生活，而不会被别人认为是自私自利，或是资产阶级的一种做派。那些语言今天看来都没有什么，可是在三十多年前却振聋发聩，影响冲击很大。

在三十多年前，中国南方的这个小村落里，两个农民兴奋而又忐忑地讨论着有关人民币的事情。似乎只有在这样停电的夜晚，只有在这样私密的空间里，人民币才能成为摆上台面的话题，人们才敢稍稍提心吊胆地憧憬一下人民币飞向自己。

马涛　复旦大学中国金融史研究中心副主任：

如果他做的工作，让他不能得到财富和收益，他是不会去投入的，这是人性，也是人的本质。所以，我觉得最好的体制一定是能把人的积极性、创新精神激活的体制，那就是市场经济。

王一江　长江商学院经济学及人力资源学教授：

当时他们冒着坐牢、杀头的风险才敢做这样的事情。但是他们为我们争取到了什么呢？我觉得他们为我们争取到的就是，他向全国人民和政府展示了人民的创造力和活力。他告诉了大家，你看我们这样做，实际上比你那个管理体制要优越不知道多少倍！如果一个实事求是的领导看到人民群众的这种创造力，看到这个人民群众冒着各种风险，做出来的这些实验的效果，他就会知道我们过去无论是在意识形态上，还是在管理体制上，错得有多远。陈志雄做的这件事对我们形成了一种思维的冲击，而且它给我们树立起了一个榜样。

马立诚　《人民日报》原评论员：

当时的青年人自己见缝插针，石头下面长草，一切都由自己创造。其实也是因为他们没有办法，生活压力太大了，都要吃饭，不能饿死啊！于是就有了自己创造的经济自由，自己创造的就业权利。当时，饿肚子的问题是一个很现实的问题，再加上已经改革开放了，各地政府对这种事情有的是睁一眼闭一眼，有的实际上是宽容的、允许的，这样就在全国汇成了一股潮流，使得这种经济自由重新回归到了人民当中。

1978 年 12 月 13 日，邓小平在当年的中共中央工作会议闭幕式上，作了题为《解放思想，实事求是，团结一致向前看》的重要讲话。他指出："要允许一部分地区、一部分企业、一部分工人农民，由于辛勤努力成绩大而收入先多一些，生活先好起来。一部分人生活先好起来，就必然产生极大的示范力量，影响左邻右舍，带动其他地区、其他单位的人们向他们学习。这样，就会使整个国民经济不断地波浪式地向前发展，使全国各族人民都能比较快地富裕起来。"

◎《邓小平文选·解放思想，实事求是，团结一致向前看》

无论历史走过多少岁月，1978 年，这个被无数次称颂的年份，总不能不被提及。因为在这一年，有一种联系被前所未有地肯定，那便是个人和财富。个人有追求财富、追求幸福的权利，这个在今天看来毫无新意的道理，在新中国经历了三十年的徘徊。这种徘徊伴随着中国人的苦难、迟疑和对幸福不灭的希望，在 1978 年终于开始艰难地在中国大地上回归。

丁一凡　国务院发展研究中心世界发展研究所副所长：

关于改革开放，党内先有一场思想辩论——先搞了一个关于真理标准的讨论，然后在这个基础上才慢慢开放，允许一些事情露头，允许一些事情做出来。因为在这个思想辩论之前，你做这些事情当然是不可能的，人家会认为你做的如果不是国家开的买卖，就一定是资本主义的，所以在这样的情况下思想上有很多的桎梏，你根本不能够充分地发挥你的想象力、创造力。所以，一旦你把这个禁忌打破了，也就是说人们不再去想这个是不是被认作是资本主义的时候，你的活力就被激发了，就可以主动去做这些事情了。也正因为冲破了思想的桎梏，个体户、创业大军这些事物才能慢慢地诞生。

黄祖辉　浙江大学中国农村发展研究院院长：

1978 年农村改革，第一，我们要归功于邓小平这样的人物，他看到我们国家走了近三十年的社会主义道路，但是没有真正让老百姓富起来，他就觉得这个体制是有问题的，所以就改革。第二，在实践当中，当时国内也有局部的一些偏远地区的农民，他们没有刻板地按照死命令来做，比如说在安徽的小岗村和浙江省的永嘉县，就出现了一些包产到户的现象。它不是一种大家平均分配的方式，当时这被批判为一种资本主义的行为，所以是冒着很大风险的，十几个人，血手印按在上面，就是要共同承担风险的。但实践表明，他们的做法对当地农业生产力的提高是有非常明显的作用的。党的十一届三中全会首先就是对农村的经营制度进行改革。中国的改革最大的一个突破就是承认个人的利益诉求，这个是很重要的。

朱大可　同济大学文化批评研究所教授：

邓小平是一个现实主义者，实际上他也是一个实用主义者。那么，他肯定看到了这样一点，不可能同时以平均的共产主义方式来让大家都富，只能是让一部分人先富起来，这是没有办法的办法，这是一种策略。那么，一部分人先富起来就表明他在经济上、在方式上做了一些让步，允许一些私营企业的存在。最早是什么呢？就是个体户开始诞生了，一些小饭店开起来了。个体经营过去是绝对不允许的。

苏智良　上海师范大学人文学院院长：

国家其实是一个所有国民的共同体。我们形成了国家，我们组织了政府，组织政府是为了使得民众能够更好地生活，我们捍卫国家利益，最终目的也是为了老百姓。所以从这个意义上来说，国家的最终目的是要让所有的老百姓能够过上富裕的、民主的、法治的小康生活。

刘吉　中国社会科学院原副院长：

"让一部分人先富起来"这句话，应该说起到了一个历史召唤的意义。每个人都觉得思想解放了，自己可以有机会了，让一部分人先富起来，为什么我不可以富起来呢？邓小平领导的这场改革，是一场巨大的社会革命——使中国从自然经济转为社会经济，从农业社会转为

◎陈志雄（中）参加广东省水产厅召开的水产养殖专业户座谈会

◎《南方日报》文章《胆从识来》

◎《人民日报》文章《一场承包鱼塘引发的争论》

工业社会，又从前苏联模式的计划经济转为市场经济。

1979 年 4 月，当陈志雄再次提出承包那片鱼塘时，梁新经过缜密的思考，终于下定决心支持陈志雄。最终，陈志雄以每年上交给集体 1700 元人民币的条件，顺利承包了这片鱼塘。酝酿已久的大事情终于做成了，曾经只在梦中期盼的人民币开始飞进陈志雄的口袋。在承包鱼塘不到 40 天内，凭借精明的头脑和娴熟的养鱼技巧，陈志雄挣到了 2700 元人民币，而他上交的 1700 元人民币则成为生产队不可多得的增收来源。

陈志雄发财的故事不胫而走。很快，《南方日报》在国内首开先河，发表了题为《胆从识来》的报道详细描写了陈志雄的通讯，在广东引起了一阵从没有过的骚动。紧接着，《人民日报》又以《一场承包鱼塘引发的争论》为题，开始在全国征集意见。3 个月之内，《人民日报》接到了近千份争论稿件。人们或是鄙视、反对，或是兴奋、赞成，全国由南到北都陷入一场热烈的辩论之中。

王一江 长江商学院经济学及人力资源学教授：

在改革开放理念的指导下，小平还提出，一部分人先富起来是光荣的，而且也应该是受到我们的法律和政策保护的。全国亿万人民的意识就开始逐步逐步地苏醒，特别是广大农民，他们离开土地，到能赚到钱的地方去找工作。

李义平 中国人民大学经济学院教授：

伴随着市场经济的发展，我们中国人应当有一种正确的财富观，成为一个富人，是一个人的社会责任。合法地挣钱，富了是光荣的。

陈绍儒　时任《南方日报》记者，《胆从识来》作者：

这样的好事情如果再多一点的话，就多一点人富裕，多一点收入，多一点发展，对国家、对个人、对集体都有好处，何乐而不为啊！

刘社建　上海社会科学院经济研究所研究员：

只靠国家这样一个非常大的集体的行为来推动经济发展，在一个短期的情况下，比如说通过一些政治运动或者是通过树立一些劳动英雄来带动是可以的。但是，从长期来讲，如果个人没有追求利益的积极性，那整个经济效益是比较低的。因为在长期的计划经济体制之下，通过户籍制度，把农民束缚在土地上，通过工分制那种"大葫芦"的形式来进行分配，使得人们工作的积极性非常差。在城镇里面，工资基本上是长期没有什么变动的，这样个人的劳动积极性也是非常差的。在改革开放之后，个人有了对收入水平的正常的追求行为，微观主体的劳动积极性被激发出来了，进而就带动了整个宏观经济效率的提升。

对陈志雄承包鱼塘的争议在当时并没有得出明确的结论，但毋庸置疑的一点是，越来越多的人对个人财富的渴望正在被人民币的力量所唤醒。不仅在肇庆，不仅在广东，不仅在中国的南方，数以亿计的中国农民开始伸手触碰失去已久的权利，中国人开始思考个人该不该有钱，个人又该如何致富。

朱大可　同济大学文化批评研究所教授：

承认人的欲望的合理性，承认人需要通过钱来满足这些欲望，这是个非常重要的变化，我们的意识形态，这时候在这一点上发生了很大的松动。开始在物欲上给予一个肯定。人民币只是一个隐欲，它的背后隐藏着更多更复杂的欲

◎对陈志雄承包鱼塘的争论报道

个体经济

指在劳动者个人占有生产资料的基础上，从事个体劳动和个体经营的私有制经济，具有规模小、工具简单、操作方便、经营灵活等特点。1982年《宪法》规定"国家保护个体经济的合法的权利和利益"。1981年7月国务院曾发布《关于城镇非农业个体经济若干政策性规定》，1983年4月发布了《＜关于城镇非农业个体经济若干政策性规定＞的补充规定》，1984年2月又发布了《关于农村个体工商业的若干规定》等，这些法规对个体经济的性质、经营范围等作出了明确的规定。

◎登有关于高德良文章的《时代周刊》封面

望，现在这些欲望都被释放出来了。达成了人性的平衡，这个社会才是一个健康的社会。所以，改革开放三十多年中国经济能够持续增长，背后是什么东西在支撑呢？就是人的欲望，有了欲望就想通过赚钱来满足这个欲望，要赚钱就需要劳动，所以这使得中国人比世界上其他民族更加勤劳，勤劳的动力是什么？很清楚，就是对钱的欲望。

赵晓雷　上海财经大学经济学院教授：

人对财富的追求，事实上是人的一种天性，我认为这是一种基本人权，也就是说它是追求生存权和发展权的一种体现。因为人是有需求的，而需求靠什么支撑呢？它实际上就是靠收入、靠财富。在现代经济当中，财富是以货币来体现或者是来代表的。事实上，人们的物质需求、文化需求乃至精神需求，是人的一种本性，也是人的一种基本的权利。从经济学的角度看，人们对财富的追求是推动社会发展的一种动力，实际上是一种原始动力。如果人不追求自己的利益，或者是不想让自己过上更幸福的生活，那么这个社会就不会发展了。事实上（承认人的私利）非常重要的意义在于，它决定了效率优先，而不是所有的平均优先，这是非常重要的，对整个中国而言，这个政策是符合经济发展规律的。而且可以说，对于中国改革开放30多年的这么一种发展，它是一种动力所在，而这个动力是从个人的利益追求激发出来的。

1985年，一位名不见经传的广东市民高德良登上了美国的《时代周刊》，他被视为中国改革进程中的一位典型人物。这一切，源自五年前的一声呐喊。

1980年年底，一封挂号信被寄往中华人民共和国国务院，信中的第一段就一连抛出 8 个问句：个体户有没有前途？目前对个体户的税收政策是否合理？是扶持个体户还是限制……更让人震惊的是，这封信中竟然提出了这样一个重大的命题——"在社会生产资料国家占绝对支配地位的情况下，是否应该允许一些照目前的理论解释为'资本主义'的经济形式存在？"

写这封信的人正是广州市"周生记太爷鸡"烧腊店的老板高德良。1980 年 7 月，高德良从国有单位辞职，干起了个体户。因为有祖传手艺，高德良生意兴隆，第一个月的营业额就高达 8000 元，纯利润 2000 元，是他原来工资的 40 倍。为了应付日益忙碌的生意，高德良请了几个帮工，想不到竟让人说成是靠剥削赚钱的资本家，并被课以重税。高德良不服气，他找来大量的书籍，通读三遍《资本论》，最后写了那封信，托付当时国家计委经济研究所的所长何建章递交给了中央。

高德良　广州"周生记太爷鸡"总经理：

我愿意做个探索者，探索中国富强的道路、中国人民富裕的道路。去呼吁人民的生存权利、国家的生存权利，不解决这一点，人民能生存下去吗？你要改革开放，但基本法律放在那里，谁要搞民营经济都犯法，还有谁敢搞？所以逼着中央只能走改革开放的路。那进行改革开放需要被赋予什么样的权利呢？人民和国家的生存权、发展权。法律是改革的保障，你必须从法制意义上、从根本上改变它，人民才能真正生存下来，国家才有真正的发展希望。

《资本论》

马克思的经典著作，以唯物史观的基本思想为指导，通过深刻分析资本主义生产方式，揭示了资本主义社会发展的规律，同时也使唯物史观得到了科学的验证和进一步的丰富和发展，被认为是马克思一生最伟大的主要理论著作和马克思主义理论宝库中光辉灿烂的科学巨著。

◎高德良

◎高德良寄往国务院的挂号信

高德良是改革开放后上书中央呼吁正视非公有制经济的第一人。作为一个做小生意的人，高德良为个人利益摇旗呐喊；而作为一个中国老百姓，他为日后千千万万想富裕起来的中国人身先探路。而在当时的社会环境中，这样的探路是冒着极大风险的。

高德良　广州"周生记太爷鸡"总经理：

后来何建章跟我聊，他讲得很坦诚。他说小高，我们当时寄的那个信——他指我的信是报告——你那个报告我们看了觉得很有价值，但我们送上去的时候是经过很长时间的思考的，这件事是有风险的。因为一有反复，你我都要掉脑袋。

也许因为高德良幸运，也许因为广东是改革的先行区，1981年高德良的信获中央领导批示，政府部门决定允许一部分有扩大经营需求的个体户以试验的性质解决实践中所遇到的问题。

一年之后，《中华人民共和国宪法》（第四部）在第五届全国人大第五次会议上被正式通过并颁布。《宪法》第十一条是这样表述的："在法律规定范围内的城乡劳动者个体经济，是社会主义公有制经济的补充，国家保护个体经济的合法的权利和利益。"

管毅平　上海交通大学安泰经济与管理学院经济学教授：

给予个体经济合法地位这一步至关重要，当《宪法》把这个行为总结为合法的时

◎《中华人民共和国宪法》（第四部）第十一条　　◎关于国务院对高德良信件批示的报道

候，全国上下其实早都在这样做。党和政府及时地看到了这一点，在理论上、在法律上做了总结，在制度上把这样的行为固化下来，这对中国改革开放的贡献是非常大的。

刘社建　上海社会科学院经济研究所研究员：

承认个体经济，是在经济体制改革的大背景下进行的。原来那种国有经济，包括集体经济并不能完全满足经济发展的需要，而通过承认个体经济让一些人干个体户，这样做的一个原因是为了发展经济，另外一个很重要的原因是解决就业问题。比如说我们知道改革开放之后很多人找不到工作，通过放开个体经营就能够解决一些就业。从现在来看，现在有一些企业规模已经做得很大了，但当时也是从这些个体经济、个体户发家的，一步一步发展过来的。所以，个体经济的历史意义是非常重大的，对改革开放三十几年的经济发展都发挥了非常重大的作用。

江平　著名法学家：

其实国家保护人民的财产立法应该说以前也有，但是区别在哪里呢？区别就在于保护人民财产的利益范围是多大。过去仅仅讲到保护老百姓的生活资料的满足、老百姓的储蓄、老百姓的住房、老百姓的生活资料，保证他们的这些财产安全。但是这个范围太窄了，1982年以后等于说扩大了个人财产范围，保障了老百姓的生产资料安全，这个就非常重要了。因为你把生产资料包括在内，那就大大扩大了这个领域。只有保护了这些，只有老百姓感到自己的财产、不动产得到了保障，有恒产才有恒心，有恒产才能够有安全感。那么在这个时候人们才敢于更多地去获取财富，要不然他会觉得我只要获得了财富，国家就把它拿走了，那我还能有什么安全感呢？所以这个财富的保护不在于它的性质是什么样的，更重要的是国家对于你合法的财产真正给予保护，不管你的财产有多少，只要是有人非法地来剥夺你的财产权利，国家都坚决来保护你，只有这样才行。

王一江　长江商学院经济学及人力资源学教授：

当把个人可以致富、私有经济可以合法存在，确立为党和国家的正式法律和正式政策以后，那么个人就可以更加放开自己的手，有更多的空间为自己争取更多的财富。这时我们就看到老百姓的荷包真正地鼓起来了，生活的改善不再是少数敢冒着生命和各种政治、法律风险的人才能偷偷做到的一件事情，而是全国人民都可以合理、合法地在阳光下去做的一件事情了。

在农村、在城市，一个个像陈志雄、高德良这样的个体经营者，成为了改革开放以后先富起来的第一批人。他们不断地冲击着这个僵化的体制，而人们也不断地从一道道被撕开的缝隙中看到了致富的希望。而在中国的北方，还有一个执拗的年轻人正义无反顾地冲向一片更加森严的禁区。

20世纪80年代初，大连青年姜维迫于生存的需要摆起了照相摊干个体户。开业之初，他挣了不少人民币，却遭受了更多的鄙视。然而，他万万没有想到，人民币带给自己的幸福与痛苦这才刚刚开始。

随着生意越来越红火，一天一位外商找上门来，想与姜维开展合作。眼看着一大笔投资就要从天而降，姜维却突然发现自己被一条无可撼动的规定死死捆绑：个人不允许同外商合作！千载难逢的机会被政策阻挡，但姜维并没有放弃，就这样，一个没有单位介绍信，没有稳定收入，只有一股子执著劲儿的个体户独自上路了，他要去北京"找政策"。四处碰壁无疑是必然的，姜维在北京闯荡了两个月，用尽一切办法，几经辗转，终于见到了时任国家工商总局局长的任仲林。

姜维 "中国私企第一人"：

国家有规定，任何个体企业员工不能超过8个人。我说为什么？相关部门解释说视为剥削。另外个体户不具有法人资格，你不可能跟外商去签字，没有法人资格怎么签字？我说那怎么能有法人资格？他说那就势必得变成私营企业。他们就自言自语在那里说，我说那变就变吧！当时任仲林局长就拍着我说："小伙子，你是真不明白还是假不明白？我们国家1957年向全世界宣布，经过社会主义改造取得的伟大成果就是取消了私

◎姜维和他的"照照看"照相摊

营企业，走上了公私合营的社会主义道路。你今天说变就变，我没有这个力量。"

刘社建　上海社会科学院经济研究所研究员：

在私营经济政策出台的前后有一些比较大的争论。当时改革开放刚刚开始，对资本主义、社会主义之争还是非常忌讳的，当时是根据马克思在《资本论》里面的一些说法，就是雇工在 8 个以下的是被允许的，所以在最初对雇工的人数有一个严格的要求。当然，这有一个逐步的发展过程，私营经济相对个体经济可以雇用一些人，可以做得更大，对推动经济发展有更好的一些作用，而且满足了当时社会的一些需要。通过私营经济发展来繁荣消费市场，对提供我们大家需要的轻工业的消费品也发挥了非常大的作用。从这个角度来讲，私营经济对整个社会的经济发展的贡献是非常重大的。

姜维并不知道，自己要开办的私营企业，已经将近 30 年没有出现在新中国的土地上了。早在新中国成立初期，政府对资本主义工商业就开始实行"利用、限制"政策；1954 年 9 月 20 日，第一届全国人民代表大会第一次会议通过《中华人民共和国宪法》，《宪法》第十条中对资本主义工商业提出了"利用、限制、改造"的政策。

著名理论家廖盖隆在其于 1955 年 9 月出版的《对资本主义工商业的社会主义改造》一书中，直白地说，"改造"就是消灭私有制。被定性为剥削性质的私营企业逐渐通过公私合营的方式被改造为公有制企业，无数私营企业主在一夜间失去家业。这其中有两个人的经历最具代表性，一位是北京同仁堂的老板乐

◎《对资本主义工商业的社会主义改造》

◎著名理论家廖盖隆

松生，1954 年同仁堂率先实行公私合营，乐家传承 300 年的私有基业转变为了新中国的国有药店；另一位是上海工商界的第一大亨荣毅仁，1956 年，荣毅仁也将荣氏旗下所有的企业拿出来与国家合营。

荣毅仁 (1916-2005)

江苏无锡人，出生于一个著名的工商业家族。1937 年毕业于上海圣约翰大学历史系，正值日本全面侵华，年仅弱冠的荣毅仁开始辅佐父亲经营庞大的家族企业，并逐渐成为荣氏家族的代表。1956 年，他经过深思熟虑后，把自己的商业帝国无偿交给国家，为新中国的工业振兴作出了卓越贡献，赢得普遍的尊重，被陈毅副总理誉为"红色资本家"。改革开放后，在邓小平的倡导和批准下，成立中国国际信托投资公司，并于 1993 年第八届全国人大被选举为中华人民共和国国家副主席。

马立诚　《人民日报》原评论员：

在 20 世纪 50 年代初，我们对社会主义的理解还停留在比较传统的层面上，这主要是受斯大林的影响。因为在相当长的一段时间，苏联是实施斯大林模式的社会主义。这个斯大林模式的社会主义在经济上的特点，用咱们中国话来说就是"一大二公"，甚至于从肉体上消灭富农、消灭资本家，没收他们的企业、土地，实行全民所有制。当时苏联的这种经济模式比较深地影响到了中国，所以 50 年代初中国就按照苏联的这种模式来改造我们的经济。在 1956 年以后经过公私合营，像这种私人企业主、私人企业就不存在了，而且还进一步把修鞋的、修车的、个人裱糊字画之类的行当也算作资本主义范畴。当时我们采取的政策是很极端的，实际上今天我们看来这是都算是个体户了，但当时不允许他们存在，也把他们组织起来，所以这个叫"割资本主义尾巴"。私营企业和个体户对发展经济贡献也是很大的，而把这块消灭了以后，就使得我们的经济发展失去了一个很大的动力。

从 1953 年开始，在短短两三年的时间里，全国的私营企业被消灭殆尽，这一度被视为社会主义的伟大成果之一。30 年后，怀揣致富梦想的姜维竟想凭一己之力改写历史，这谈何容易？

然而，就在姜维几近放弃，心灰意冷准备离开北京的时候，他的住处突然来了一位客人。这个人就是时任中共中央总书记胡耀邦的儿子胡德平。

姜维　光彩中国实业集团董事长：

当时我也不知道胡德平是谁。他就说："姜维同志，今天我们来看你。你能从千里之外，来到北京来找党谈你的事情，说明经过粉碎'四人帮'，拨乱反正，这个优良传统又回来了，人民对我们又信任了！所以说当你的事情成功的时候，你也不要感谢哪一个人，因为这是人民群众对党的一种信任，党又能为人民服务了。你一定要记住，不要感谢哪一个人，要感谢这个党和这个国家！"

马立诚　《人民日报》原评论员：

姜维的这个创业精神得到了胡耀邦总书记的支持。胡耀邦做了些批示，要求有关部门，主要指的是工商管理部门和大连市，要支持个体户自主创业。所以他的命运就改变了，1984年他获得了第一个私营企业牌照。

1984年年底，姜维终于等到了好消息，外经贸部（全称为中央人民政府对外经济贸易部，几经更名变革，于2003年与其他相关部门整合成为商务部。——编者注）通知姜维，经国务院特批，他可以开办私营公司，予以发放经营牌照。日后，姜维才知道，在各部门争论不休、僵持不

◎对外经济贸易部对于试办中外合资企业的同意函

◎姜维获国务院特批开办新中国第一家私营企业

下的时候，是胡耀邦的一句"让他试一下嘛"使姜维成为了中国私企第一人。

姜维得到的是一张营业执照，有了这张执照，他就具有了法人资格，可以获得外商投资。而对日后中国千千万万从事私营经济的人来说，这张执照无疑是对他们所拥有权利的合法化证明。正是因为有了更广阔和更多样化的致富途径，才有了更均等的致富机会，才形成了保障公平的机制。

周建波　北京大学经济学院副教授：

中国历史上有一段非常有名的话，孔子的学生有若说过一句话："民足，君孰若不足？民不足，君孰若足？"大致意思是，老百姓有了，国家的国君还会穷吗？老百姓没有，这个国家会富吗？所以我们经常说"放水养鱼"和"竭泽而渔"的关系，差不多就探讨了国富和民富的关系。

赵晓雷　上海财经大学经济学院教授：

我们知道，在现代经济当中，或者说在市场经济当中，一个国家的财富的基础，或者说一个社会的民众福利基础，是有效率的企业。企业构成了整个社会、整个国家的财富基础。18世纪英国工业革命不是由大公司推动的，而是由成千上万家小公司推动的。企业，有效率的企业，尤其是中小企业，它是社会生产的主体，是社会吸纳劳动力的主体，也是生产社会财富的主体。因此，对于开办企业的人来说，他在追求他的财富，他可以吸纳很多人就业，在这个过程当中，他又对社会创造了财富，同时又使得进入企业就业的人获得了合理的收入，提高了生活质量。因此，这种企业越多，对市场经济的发展就越有好处。

王一江　长江商学院经济学及人力资源学教授：

任何一种经济，要实现全民致富，它唯一可行的道路就是以民营企业为主体来促进经济的发展。今天的这个世界上有二十几个国家人均年收入在几万美元以上，属于世界上最发达的国家。那么这二十几个国家，它们在经济体制上都有一个共同的特点，就是实行市场经济。市场经济的一个非常不可或缺的基本元素就是要以民营企业为主。由追求财富的人自己来决定自己的投资方向、生产经营的范围和生产经营的方式，自己来搞科研，自己来发展自己的企业。在这样一个过程中，这些民营企业不但为个人，同时为社会，带来了巨大的财富。

保育钧　中国民营企业联合会会长：

改革开放三十多年来，民营经济发展了，人民积极创造财富，所以如今国家进步了，社会财富也增加了，2011 年中国 GDP 达到了 47 万亿元了。47 万亿 GDP 当中，民营企业创造的占了 65% 以上。这些财富是谁创造的？是老百姓创造的。

20 世纪 80 年代初期，那些为了过上富裕生活的人们，努力打破禁锢的空间，不断锤击着计划经济的枷锁，他们成为旁人既羡慕又刻意保持距离的一个群体，他们形成一股合力推动着这个国家发生日益深刻的变革。更多样化的致富方式最终被这个国家所允许，中国也在不断开放的过程中走向了富裕。这种相互作用揭示着一个道理——民富是国富的根本，民富则国富，民穷则国穷。在中国各地，这个简单的道理正被一遍遍地不断验证。

1982 年，浙江温州陷入了一片前所未有的恐慌之中。这年年初，中央两次下发打击经济领域犯罪活动的紧急通知，许多人因为做了点小生意被认定为"投机倒把"，轻者锒铛入狱，重者甚至被判处死刑。全国的个体户们一时都噤若寒蝉。

当时，温州经济相当活跃，个体户超过十万人，约占全国个体户总数的 1/10。但在转瞬之间，温州就被推上了风口浪尖。浙江省派出当时最年轻的副省长袁芳烈出任温州市委书记，要求一年内务必清除乱象。在当地政府严厉的打压之下，温州的个体户们纷纷逃离，四处躲藏，整个温州陷入一片混乱之中。

王运正　原温州市委办公室主任，时任袁芳烈秘书：

这一打击不要紧，把个体经济本来就胆战心惊、如履薄冰的这么一个情况，可以说进一步地打到了"冷宫"，这对温州的冲击非常大。大家非常寒心，个体经济都只能藏在地下，领导一来就跑，一有风声就躲。

保育钧　中国民营企业联合会会长：

从个体户到私营企业的过渡，经过了五年的时间，从 1982 年到 1987 年中共十三大。争论了五年，这中间对长途贩运是不是投机倒把发生了争论，因为农村的林场承包之后，农产品有了富余，就必然要长途贩运销售到街道市场。当初把长途贩运作为投机倒把，浙江温州八个被称为"大王"的个体户就是这么被抓的，"八大王"事件就被作为阶级斗争。现在回过头来看，搞物品流通是立了大功了，但那个时候是投机倒把。

但袁芳烈很快发现，当人们失去了追求财富的自由，这个地区的经济也就陷入了泥潭。温州工业增速从 1980 的 31.5%，到 1982 年却迅猛下滑为 –1.7%，大批的温州人连吃饭都成了问题。

要怎样才能让老百姓过上好日子呢？这是在袁芳烈脑中千回百转的问题。他决心深入走访调查，看看眼前这个破败不堪的温州究竟埋藏着怎样的可能。在广泛的走访中，袁芳烈逐渐看到、听到了许多以往很少接触的新鲜事物，其中有一对祖孙俩就带给了袁芳烈巨大的震撼。

王运正　原温州市委办公室主任，时任袁芳烈秘书：

我记得是有一天下午，袁芳烈书记到当地乡下去的时候，看到有一间民房，一推门进去，一个大厅里面有一个老太婆带一个孙子，里面发出"咔磕咔磕"声音，进去一看原来是编织机发出的声音。编什么呢？松紧带。好像总共有五六台吧，就一个老太婆在看着，还带一个孙子。袁芳烈书记感到非常惊奇，他就问："你投资了多少钱啊？"老太婆说当初买这个机器，花了大概五六百块。"那你收入一年这么下来挣多少呢？"她说十倍有的，那就是五六千。袁芳烈听了以后，非常有感触。他说你这个一年工资啊，比我副省长这一级还要高了，行啊！

当时，市委书记袁芳烈每年的工资是 1500 块钱，而老太太一年的收入高达 6000 块钱，足足是他的四倍，这令他震惊不已。100 个这样的老太太一年的利润就是 60 万，而温州当时的国营企业中能够一年利润过 60 万的不超过 3 家。现实让袁芳烈感叹，原来挣脱束缚的人们竟然能够释放如此强大的力量。他们不依赖集体也不依靠任何人，只凭勤劳肯干挣得人民币，这样的行为有什么错？饿着肚子难道就是社会主义吗？袁芳烈的思想发生着翻天覆地的变化。

1982 年年底，温州的个体户们纷纷接到通知要参加市政府召开的会议。习惯了被打压的个体户们以为这是变相的逮捕，普遍做好了蹲监狱的准备。谁知在这次会议上，袁芳烈一改往昔的严厉，郑重宣布个体户们可以继续从事自己的行当，同时还要对他们的行为给予充分的鼓励。此后四年，温州全市的经济增长率又回到了 20% 以上，政府的财政收入同时也翻了不止一番。

然而，袁芳烈的举措并没有得到上级的肯定，不久便被调离了温州，而日后继任温州市委书记的董朝才却依然延续了袁芳烈的想法，并将温州的经验概括为四个字——藏富于民。

◎袁芳烈（中）视察温州各地

俞吾金　复旦大学哲学学院教授：

我觉得藏富于民，不光是经济上的一个政策，老百姓富裕了，他的精神和灵魂都得到了很好的安顿，这个社会就稳定了。如果他吃了上顿没下顿，找不到工作，不知道是不是还能回到家乡，那么他就可能铤而走险。在一个人民主权的国家里，人民代表这种制度，首先它得是代表人民的，是代表人民在表达一种民意，得民心者得天下，失民心者失天下。如果把人民的问题解决得好了，那么老百姓当然就拥戴，这也是藏富于民的内涵精神所在。

◎温州箱包生产个体户

葛剑雄　复旦大学历史地理研究中心原主任：

我所理解的藏富于民，并不是说简单的一个社会保障福利。藏富于民不是老百姓买两根金条，像老财主那样埋在地下，这有什么意思呢？如果不流通，他哪来财富增加呢？就是要让老百姓对正当的财富有着一种正当的追求，让他们增加财富性的收入，这才是真正的藏富于民。

◎温州标牌生产个体户

江平　著名法学家：

其实一个社会就应该是藏财富于民的，这个基础恰恰是应该是私权，只有私权得到了保障，公权的力量才可以体现出来。如果私权没有了，人人的财产都受到侵犯，受到剥夺，那么国家怎

◎温州乐清电器市场

么可能强盛呢？一个社会是由老百姓组成的，如果这个社会是为人民服务的，那人民不是空的，是由一个一个有血有肉的个体组成的，那么你就要来为这些个体来服务。只有让每一个老百姓富裕起来，我们才可能实现国家的富强。

藏富于民有助于充分激发整个社会的创造活力，共同富裕。而当时的社会现实是中国老百姓还没有余力关心生存以外的事情。温州经济模式虽饱受争议，但也印证着一个不容置辩的规律——经济和社会发展的最终目标应该是让每一位公民都能过上富裕美好的生活，而当每一位公民有充分的空间和自由为富裕的生活努力时，社会的发展也便拥有了最强大的动力，民富的力量可以成就一座城市，更能改变一个国家。

钟朋荣　北京视野咨询中心主任：

整个计划经济，它不是把民富放在一个主要位置，是把国强放在主要位置。实际上民不富，国家很难强。国强了民不富，国强也没意思。国强的目的是什么？最终还是要民富。国富是民富的结果。国富是一个结果，而不是一个起点。全国13亿人口，如果一开始把国富作为一个起点，就没有人有动力去创造财富。民富首先要有民权，老百姓有创造财富的权利，有人身自由，这是后来改革开放一个很大的进步。

叶辛　上海作家协会副主席：

国家利益高于一切是对的，这是老百姓应共有的知识，但是倒过来想，国家是什么？国家也是由每一个老百姓组成的，那么也要为老百姓着想。"大河有水小河满"，也是从反面验证了只有小河的河沟里也都是水了，大河里的水才会满。实际上三年困难时期，给我们这个国家最大的教训就是这样一句辩证的话。大河里要有水，但是小河里也要满；也只有小河里的水都满了，你大河里的水才会多；如果小河里都是干枯的，你大河里的水一放闸便没有了。民富国强吧，民富起来，国家才会更强大。

陆军　中山大学岭南学院金融系主任：

如果国家很富，而人民群众都比较穷，那么国富民穷对我们的发展宗旨是有违背的。国家最终还是由千家万户组成的，我们讲的富裕，是感觉到人民生活好了，幸福感增加了，都具体指的是亿万个群众的感受。国家和集体固然重要，但是归根到底还是要民富。一个政权也好，一个国家也好，归根到底还是要想民众怎样才能够富起来。

田国强　上海财经大学经济学院院长：

从古到今，主流的、真正的国学智慧是只有先民富，才能国富。实际上，在近代的时候，为进行政府干预提出来说，要民富首先要国富。这个概念是不正确的，因为古今中外我找不到一个例子，就是说一味地追求国富，结果民富了。小平在改革开放之始的时候说，让一部分人先富起来，他绝对没有说让国家先富起来。老百姓一富起来，整个国家也就富了，就是这么个道理。政府是需要起到维护和服务的作用，但是一味地追求国家的富，而不考虑到老百姓的富裕，这个国家是既不能定，也不能安，也不能富，也不能强，也不能大。所以只有民富才能够国定、国安、国富、国强、国大。

漫长而永不停歇的岁月凝结出藏富于民的智慧结晶。从 1978 年到 2011 年，中国城镇居民人均可支配收入增长了约 31 倍，农村居民人均纯收入增长了约 39 倍。全国工商注册登记的企业一共有超过 1000 多万家，60% 以上的企业是私营企业，这些私营企业解决了全国 80% 以上人口的就业问题，创造的 GDP 占全国总量 50% 以上，提供了全国 70% 的技术创新。中国的国民经济以每年近 10% 的速度高速增长，经济总量已位居世界第二，人民币飞向人民，也让这个国家蓄力腾飞。

2010 年 10 月 15 日，中国共产党第十七届中央委员会第五次全体会议在北京开幕，人们惊讶地发现，在这次会议制定的"十二五"规划发展主要目标中，GDP 等量化指标并未出现，取而代之的是让"城乡居民收入普遍较快增加"。

刘社建　上海社会科学院经济研究所研究员：

在"十二五"规划里面加入了分配里面的一些相关题材，比如我们经常提到公平和效率的关系。最早的时候我们一直在强调"公平优先，兼顾效率"，后来是"公平、效率相结合"，再到后面就是"效率优先，兼顾公平"。原来因为在经济发展的过程是有意无意地形成了投资拉动，外需拉动，这种增长方式下资本所得的比较多，劳动所得的比较少，国家财政收入增长速度非常快，公众得到的比较少一点。最近国家注意到这个问题，可以预见的是，在未来的几年里，劳动的收入报酬份额会逐步提升，这样一个逐步的民富状态应该会越来越好。

何志成　中国农业银行高级经济师：

现在我们还不能说，我们的国家是一个民生国家。到目前为止，国家从经济增长中拿到的更多，比如税收的增长，每年都百分之二十几、三十几的增长；而工资的增长，在很长时间里是比较慢的，是落后于GDP的。但是，我们国家的领导人已经认识到这一点，在纠正这一点，适当地减少国家在第一次分配中的占比，不断地提高劳动者在第一次分配中的占比，这是对的。但是还做得不够，未来还有很大空间，应该让老百姓能够积累财富，能够经营、管理自己的财富。

王松奇　中国社会科学院金融研究所副所长：

我认为现在我们走的所有的路，中央的决策都在一条非常正确的路子上走。我们现在以民为本，像"十二五"规划，它强调民生、突出民生。我们在这方面正在做各种各样的体制、政策、制度性的调整，尽管以前我们可能有了一些教训，证明我们做得还不够，但是我们是走在一条正确的路子上。

邓聿文　中央党校学习时报社副编审：

从国家层面来说，它意识到了这个问题。如果说一个国家最终不能够做到老百姓普遍富裕，仅仅是国家富裕的话，它最终还是会出问题。现在我们有了这么一个理念，下一步的政策、法律等，一定要有所改变，特别是我们讲各项政策落实到地方政府层面，它有一个过程。

在中国转型最剧烈的年代里，有太多的故事可以称颂和反思，但唯有关于人民币的故事与中国亿万的老百姓息息相关，这种联系前所未有地紧密，人们从羞于谈钱到大胆致富，人民币从高高在上的集体飞到田间地头，飞进30多年来的每一个家庭中，从一只手到另一只手，从禁锢的岁月到开放的年代，唯一不变的是它的名字，唯一最富情感的也是它的名字，只因这个与众不同的名字包含了托起这个国家的每一个中国人。

独家访谈
EXCLUSIVE INTERVIEW

在改革开放初期，承认人的私利对社会发展而言有什么意义？

田国强　上海财经大学经济学院院长：

个人的内心往往是和国家与集体的内心相矛盾的，因为个人就是一个个体，往往是逐利的。如果说你自己牺牲，你所获得的成果却被其他人分享，你就会不愿意，并总是想去分享他人的，这样就造成了很多机会主义风险道德的情况。所以说自立性市场经济这是没有办法的办法。

当然还有一个办法就是去改善人们的思想，也就是改革开放前所做的一套，这个出发点是很好，但是这么做下来，通过这么多运动，每隔三五年搞一次，几乎把所有的人都教育到了，其结果就是到"文化大革命"的时候，中国的经济几乎走到了崩溃的边缘，这种办法目前在世界上也找不到一个成功的例子。计划经济让人们牺牲，它是一种短期的现象，是一种特殊的情况，是一种非常规性的情况，有效但是不能作为一种长久的经济制度安排，不具有可持续性。因为个人本身就是信息不对称的，所以只能够发挥每一个人的主观能动性。邓小平在这一点上看得非常清楚，所以说他就讲了，我们应该从社会主义退回到社会主义初级阶段，一百年也不要变，一百年以后也没有必要变。这就说明了一个道理，也就是为什么要让老百姓富，就是让他追求自身的利益。只有民富才稳定，因为通过老百姓富，大量的中产阶级产生，那么他有车、有房、有地、有私有财产。在这种情况下，他最不希望社会不稳定，所以说一个现代的国家往往需要有一个富裕阶层，就是中产阶级，这是一个非常重要的因素。只有大多数老百姓都富裕了，社会才能稳定，国家才能够富裕。

为什么要将个体经济、私营经济写进《宪法》，这对这个国家而言有什么样的重大意义？

邓聿文　中央党校学习时报社副编审：

个体经济 1982 年走入《宪法》，它其实就是，从《宪法》这个国家根本大法的角度，肯定了劳动致富是光荣的，是合法的。在计划经济时代，你如果自己种个自留地，可能都是非法的。你如果做个街头小贩，到处挑个货郎担，也可能是不合法的。这个不合法的行为，会产生什么后果呢？第一，对你本人，可能会产生牢狱之灾；第二，它就无法使人去创造财富。不能创造财富，大家都贫穷。而个体经济就肯定了个体劳动的意义，从法律上赋予它正当性。肯定了个体经济，肯定了个体劳动，它自然就肯定了个人劳动致富的这种权利。每个人都有劳动致富的权利，从国家的根本大法，从《宪法》这个层面就肯定了，所以说它的意义是非常深远的。

赵晓雷　上海财经大学经济学院教授：

个体经济、私营经济进入《宪法》，实际上它是有一个过程的。在 1982 年的时候，先把个体经济写到《宪法》里面去，这是由当时的中国国情所决定的，因为当时中国是不承认私营经济的，中国是个公有制一统天下的国家。当时，首先认可这部分个体劳动，作为对社会主义经济的一种补充。那么以后，逐渐把私营经济也放进《宪法》，也作为社会主义经济的一种补充。但是到了 1989 年，那时候的《宪法修正案》，做了一次重大的修整，就是把个体经济、私营经济从社会主义经济的补充，修订为社会主义市场经济的重要组成部分。这样一个修订，我认为意义非常重大，以前是补充，是从属的地位，现在是一个重要组成部分，也就是说它是平等的，它作为一种平等的经济成分，构成了整个中国的一个社会经济。

那么这里面的一个背景是什么呢？就是当时中共十五大召开的时候，确定了中国改革开放的方向，经济体制改革的方向是建立社会主义市场经济，那么既然是建立社会主义市场经济，它的一个后缀就是市场经济，在这个时候，它就要求是多种经济成分共存的。因此，它把公有制经济和非公有制经济，也就是我们所说的私营经济和个体经济，一起作为构成社会主义市场经济的一个重要组成部分。事实上，也就是说私营经济、个体经济从此开始不但具有了合法身份，而且具有了平等身份。

国富与民富真正的关系是怎么样的?

刘社建　上海社会科学院经济研究所研究员：

如果从静态的角度来看，国富和民富是此消彼长的关系。如果我们收的税更多一点，民众手里的钱就会更少。但是，这是一个静止的状态。如果从长期的动态关系来看，大约有两种关系：最好的一种关系是民富，通过民富来带动国富，这是一个彼此相互促进的关系，比如说民众的消费需求扩大，促进经济发展，在这个过程中国家各项收入增加，这是民富带动国富。还有另外一种状态就是国富，民众可支配收入增长不快，而国家的税收非常多，那么一般公众手里的钱就会比较少，那就依然像一个静态的此消彼长的关系，我们要尽量避免这种关系。我们并不能完全认为保证了集体的利益才能保证个人的利益，如果不关注民富，不关注民众利益的话，国富也将难以良性地实现。

赵锡军　中国人民大学财经学院副院长：

国富跟民富，我个人觉得这两者应该是并行不悖的，从某种意义上来讲，这个取决于你怎么样来安排和落实制度。因为无论是国富也好民富也好，如果是没有落实好制度，你的富尽管是落实到国上的，但是这个国跟民是分离的，那国家富了，民没有富；如果说国跟民是紧密相连的，那么国富跟民富就没有差别了，因为国家的财富能够很好地落实到每一个居民的头上。同样，居民富裕了，整个国家也就富裕了，所以这里就牵涉到我们国富的制度或者民富的制度能不能很好地落实。如果说不能很好地落实，像有些国家尽管采取的是民富的制度，但我们可以看到过去有很多国家由于制度没有落实好，导致了"一部分民很富，但是大部分民越来越不富"的情况；有些国家落实得比较好，把民和国紧密地结合起来在一起，那么民富和国富就合在一起了。所以，这里头关键是看制度制定和落实。

膨胀的人民币

通货膨胀是千百年来危害人类经济体系正常运转的最大恶疾之一。它频繁爆发、反复无常，如瘟疫一般侵袭一个又一个国家；它吞噬人们积累的财富，让无数人坠入绝望的深渊；它毁灭曾经显赫的帝国，颠覆数之不尽的政权。即使在人民当家做主的新中国，通胀也依然是人们挥之不去的梦魇。如何合理控制通胀，稳步发展经济，早已成为不容忽视的一大课题。

◎ 20 世纪 70 年代的存款单

　　这是 20 世纪 70 年代的一张存款单。1977 年，家住四川成都的汤玉莲把辛辛苦苦积攒了 5 年的 400 元存进银行。回到家后，她把这张存款单小心翼翼地折起来、压在衣柜底下，这一放就是三十几年。

　　时过境迁，2010 年，当汤玉莲拿着泛黄的存款单来到银行兑现时，她发现存了 33 年的 400 元，连本带息只能取出 835.82 元。这笔钱金额虽然翻了一番，但所能买到的东西，和当年相比却发生了翻天覆地的变化。

　　在汤玉莲的记忆中，当时一斤面粉是一毛八分五厘，一斤猪肉一元，一盒中华牌香烟五毛五分，一瓶茅台酒八元，北京地铁坐一次只需一毛钱。根据这样的物价水平，汤玉莲的 400 元能够分别买到 2162 斤面粉、400 斤猪肉、727 盒中华牌香烟或者是 50 瓶茅台酒。但若是按照现在的物价计算，连本带息这 835.82 元大概只能买到 400 斤面粉、69 斤猪肉、十来盒中华牌香烟或者是半瓶茅台酒。

　　1977 年，当汤玉莲把那一大笔人民币郑重地存入银行时，她有着和大多数中国人一样简单的梦想：希望以后的日子能够过得富足安康，可以帮儿子成家，或者是供未来的孙子上学。三十几年后，这笔钱却让她失望而归。人们困惑、不解的是，为什么经济在发展，收入在增多，但手里的钱却一点点变得不值钱了呢？

1984年10月1日，新中国成立35周年庆典。在经过北京天安门广场的游行队伍中，出现了四辆彩车，上面四位开国领袖的巨幅画像一字排开，他们是毛泽东、周恩来、刘少奇与朱德。这一幕，成为电视机前几亿中国人深刻的记忆。之后，时任中央美术学院副院长的侯一民就此创作了一张浮雕风格的素描人物画稿。几个月后，经国务院常务会议讨论，这份画稿被最终确定为第四套人民币100元券的正面图案。

陈宝山　中国人民银行货币金银局原局长：

人民币的图案要表达各族人民意气风发、团结一致、建设有中国特色社会主义的主题。货币的设计是一门科学，货币是国家的名片，它的主体色调、主体图案往往能够代表一个国家，在相对一段时期的生产力和科学技术，可能是最前端、最领先的内容。作为这样的"橱窗"，肯定要反映出你这个国家，或者这个地区在这个时代最突出的经济、社会、文化、艺术等方面最主要的内容，应该能刻画出比较现实的国家经济与生活。

第四套人民币自1967年开始酝酿设计，到1985年5月最终定稿，历时18年。但对于这套人民币的发行时间，尤其是50元、100元大钞推出的时机，中央政府极为慎重，进行过多次讨论。在20世纪80年代，大多数人的月工资都不足百元，人们用惯了最大面额为10元的人民币。"辛辛苦苦一个月，还拿不到一张百元钞"，发行大面额钞券，很可能对人民群众的思想形成这样的负面冲击。

◎第四版人民币壹佰圆券

在定稿两年后，1987年4月27日，

◎第四版人民币伍拾圆券

第四套人民币终于开始发行，最高面额是 50 元。再过了整整一年，1988 年 5 月 10 日，100 元的大钞终于面世。但它留给中国人的回忆却并不美好，那一年，人们都生活在同一种恐惧之下，一种对物价上涨、对人民币贬值的恐惧。

袁钢明　清华大学中国与世界研究中心教授：
我们家附近的一个商店的标签突然在一个晚上全部换掉了，这个场面我记得很清楚，它这一换，几毛钱的东西就变成了几块钱的东西。

吴瓗全　《人民币沉浮录》主编：
城市里面每家每户什么都买，什么米啊，油啊，火柴啊。有的人家光火柴就买了上千盒，放在家里面，生怕第二天买不着，或者说就怕人民币贬值。

龙安志　《朱镕基与现代中国变革》作者：
那时候人民币有一个非常大的贬值，中国当时的领导者想这样可以让出口更方便。但是，其实这引发了很多问题，一贬值，要出口，马上就有通货膨胀。中国那时候的情况跟现在完全不一样，因为当时中国的原材料不能自己生产，所以很多都是做来料加工。而你把你的货币贬值，其实会导致出口的生产成本很高，所以这是一个非常大的错误。我记得 1988 年在北戴河有一个中央会议，当时吴敬琏等经济专家都被邀请参会，他们特别反对，认为走这条路一定出问题，不能控制住通货膨胀肯定会出问题。

物价在大幅度上涨！人民币在大幅度贬值！这是中国人对 1988 年最深刻的记忆。但多数人并没有意识到，当时人民币的大幅贬值，其实与四年前中国人民银行的"开闸放水"有着莫大的关系。

1984 年，中国农村已经有了举世公认的变化，城市经济体制改革成为全新的目标。全国人民的热情被激发出来，以国营企业为主的力量变得颇为活跃。这一年，中国 GDP 增长率竟然高达 15.2%，空前绝后。全国上下都沉浸在经济起飞的喜悦之中。在这样的形势下，各级政府有关加快发展、加大投资的想法似乎都顺理成章。50 元和 100 元两种大钞的发行，正是在那时被提上了议事日程。

为了满足各方的强烈需求，中国的中央银行——中国人民银行不得不大量印制人民币。1984 年，人民币发行量猛增了超过 1000 亿元，是前三年平均增加量的 2.5 倍之多。而 1984 年到 1988 年，中国人民银行平均每年又增发 1500 多亿元。即使全国的七八家印钞厂开足马力印钞，市场上还是供不应求。

武力　中国经济史学会副会长：

货币的发行很多情况下是要有实力支撑的，其实货币的发行和财政的关系一直都比较密切。在现代，很多政府在财政非常困难的条件下，往往会采取一个最简便、最快捷有效的方法，就是增发货币，实际上是使每个使用货币的人都要承担一种货币税。但是货币发行量太多，它就贬值了。这种贬值如果达到老百姓不能忍受的程度，老百姓就会不再使用这种货币，最极端的时候就会采取物物交换、以货易货的方式。

张逸民　中欧国际工商学院金融学教授：

通货膨胀的根本原因应该是货币发行过多，也就是货币的供应量超过了实体经济的增长力。

由于当时人民币的发行量实在太大，印钞厂的工人甚至无法严格执行检验标准，以致有些面值 1 元、2 元、5 元、10 元和 50 元的残损钞也进入了流通领域。在百元大钞问世的 1988 年，这一年增发的货币几乎相当于以往历年发行货币累计总额的 1/3。当一张张还带着油墨味道的人民币从忙碌的印刷机上被生产出来，如流水般投入使用时，各种商品的价格开始轮番上涨，一个叫"通货膨胀"的名词，突然铺天盖地地出现在国内电视、广播和报纸的报道中。这几乎颠覆了中国人长久以来的观念。

钟起瑞　中国人民银行计划经济司原副司长：

在改革开放之前，就是从新中国成立到 1978 年，我们的国民经济从生产、分配、流通到消费都是采用实物性管理的，是由计划条件控制的。就是生产什么，在哪个企业生产，各个地方生产什么，到哪里去，供应给谁，价格多少，都是由国家定下来的。所以，在这个时候，如果出现商品供应不足，现金发多了，出现流通的现金膨胀，它反映不到物价上来。因此物价十几年都是不变的，反映出来就是有价无市，价格有，但是没有东西可卖，我拿着钱买不到东西，只能持币抢购。所以那个时候就不存在币值稳定不稳定的问题。

1985 年，中国的物价上涨了 8.8%，1986 年上涨了 6%，1987 年又上涨了 7.3%。

到 1988 年，随着中央政府对物价的全面放开，全国出现了高达 18.5% 的价格上涨。汤玉莲存在银行近 10 年的那 400 元此时严重贬值。猪肉价格已经涨到了每斤 2.5元，400 元原先可以买到 400 斤猪肉，现在只能买 160 斤，连原来的一半都不到。

这是当年被很多报纸争相引用的一篇文章——《关于物价的通信》。对于民生状态，

◎《关于物价的通信》

记者陈芸无奈地记录道："一位部长级干部说，他家的保姆不敢去买菜，一花就是 10 元钱一张的大票子，看着眼晕；一位大学毕业已经 3 年、每月工资 70 元的年轻人，26 岁不敢谈恋爱，说是没钱谈不起，有了女朋友也不敢带上街，怕到吃饭时间不好办；一对每月工资各七八十元的青年夫妇，在城里养不起一个孩子；一些教学经验丰富的中学教师，为了养家糊口，不得不到校外去兼课，搞'生活自救'。"向来严谨而慎言的《人民日报》在回顾这一年的经济情况时也有这样一段忧心忡忡的话语："我们遇到了前所未有的严重问题。最突出的就是经济生活中明显的通货膨胀、物价上涨幅度过大。"遍读《人民日报》40 年的元旦社论，如此忧虑的语气极为罕见。通货膨胀，就这样以一种非常强硬的姿态出现在人们眼前。

赵晓　北京科技大学东凌经济管理学院教授：

如果用老百姓的话来说通货膨胀，最简单的就是说票子发毛了。好比说原来一块钱能买一个杯子，现在一块钱只能买半个，那么就是票子发毛了。从货币的角度来说，一定是出现了一个比较长时期的货币供应的上扬，然后物价也出现了一个比较长时期的而且带有趋势性的上扬，那么这就被称之为通货膨胀。第一，货币增加了；第二，物价上扬了；第三，是有趋势性的。

张卓元　中国社会科学院经济研究所研究员：

当时最主要就是票子发多了。当时投资增长得很快，消费增长得也很快，而我们生产的东西呢，增长得不够。结果就是货币发行多了，然后就出现物价上涨。投资和消费增速过快，这是货币发行速度造成的。

丁一凡　国务院发展研究中心世界发展研究所副所长：

实际上货币引发通货膨胀的故事在历史上经常发生，无论在世界上其他国家还是在中国。但是，由货币引起的通货膨胀毫无例外都是因为财政问题，也就是说，都是因为政府财政捉襟见肘。在这种时候，政府就要想办法。如果政府借不到钱，或者是借钱负担太重的时候，它就依靠货币化，也就是说靠增发货币来对付财政的短缺。而毫无例外的，如果以滥发货币来解决财政问题，最后的结果一定是恶性通货膨胀。

通货膨胀是危害人类经济体系正常运转的最大病魔之一。正如美国前总统里根所

◎里根

◎海明威

◎哥白尼

说，通货膨胀"像鳄鱼一样凶残，像全副武装的强盗一样令人心惊肉跳，像杀手一样致命"。千百年来，它频繁爆发、反复无常，如瘟疫一般侵袭了一个又一个国家；它吞噬人们积累的财富，终结人们幸福的生活，让无数人坠入失业、赤贫、饥寒交迫和无家可归的深渊；它还曾毁灭显赫荣耀的帝国，颠覆数之不尽的政权。著名作家海明威曾就此断言："对于一个管理不善的国家，通货膨胀是首选的万应能药，其次是战争。两者都会带来暂时的繁荣，两者也都会带来永恒的毁灭。"波兰天文学家哥白尼也曾感叹道："有关货币给国家带来的灾难，只有那些最睿智的少数人才会考虑到。因为它不是一次性地，而是逐渐地，以某种隐蔽的方式摧毁一个国家。"

1988年，在通货膨胀压力骤升之时，时任国务院副总理的田纪云一再对物价上涨的恶果发出警告。他在一次重要会议上反问在场的官员："如果物价上涨到两位数，我们能不能稳定经济？我们能不能安安静静地在这里开会？对此我有怀疑。……物价波动过大、涨热过猛，其结果必然是为改革设置障碍，甚至使改革难以进行。"

吴璬全 《人民币沉浮录》主编：

老百姓失去了一块钱，可能感觉不到什么，但是当一块钱只能买到以往一毛钱的东西的时候，他会感觉很痛苦，非常痛苦，这就是通货膨胀给老百姓切切实实带来的痛苦。本来一块钱可以买一篮子菜回来供家里吃一天，但可能他现在要花十块钱去买一篮子菜，说不定还买不到原来一块钱能买的那么多。所以这个菜篮子就切实影响到了老百姓的收支，同时也影响到了整个社会的稳定。

郑良芳　中国农业银行研究部兼经济体制改革办公室原主任：

国务院针对当时出现的通货膨胀下发了文件，进行整顿，紧缩银行信贷，紧缩财政，解决财政赤字。通过一系列措施，经过几年调整也就恢复了过来。国家出台了保值储蓄，这是很正确、很有效的措施，这也是中国独创的办法。通过保值储蓄使老百姓不吃亏，愿意到银行存钱，银行用这个钱回笼了市场中过剩的货币，进而稳定了物价。

对经济学家而言，通货膨胀是一个千百年来始终未能解决的难题；对政治家来说，通货膨胀是随时能左右局势的一张底牌；而在老百姓眼中，通货膨胀是影响他们生活甚至是生存的巨大威胁。人类社会发展到今天，货币已经跟任何一个人的生活都密不可分，它是一种最重要的财富储藏手段，也是绝大多数人安身立命的根本。当通货膨胀一次次地让这些财富贬值，一次次堂而皇之地夺走劳动成果，人们在不停地思索：究竟用什么办法才能保卫这些财富，维护这一张张货币的价值呢？

吴璇全　《人民币沉浮录》主编：

1988年国家发行这么多货币，实际上是为了对计划经济造成的一些后果进行弥补，当时国家有大量的财政赤字需要去弥补，另外还有一些企业所需的资金和基础建设。其实更主要的是去弥补国家的财政赤字。

钟起瑞　中国人民银行计划经济司原副司长：

那个时候的银行都是归地方管的，行长，包括人民银行行长都是由地方提出来任命的，所以这个时候商业银行就有一种信贷的冲动，依靠再贷款。所以，那时候有一种倒逼机制，基础建设实际上没那么多钱，地方政府就向商业银行贷，贷完以后项目摆在那里，如果撤下来损失也很大，所以那时候就倒逼中央银行。在这种情况下，利率就不大起作用。那时候存款准备金很少，商业银行全是靠向中央银行借款来发放贷款，而中央银行只能靠发票子，它生不出钱来。

在《我的反通货膨胀观》一文中，经济学家丁鹄曾旗帜鲜明地提出自己的见解。他认为："我国法律应该赋予中央银行保卫人民币的重任和特权，一切政府组织不应妨碍它担负此重任时所采取的一切措施，为此而作出一定的牺牲是必要的和值得的。表面上牺牲一时的高速度，实际上可取得长久的、持续的高速度。"

可惜的是，在 20 世纪 90 年代初，类似丁鹄发出的这种声音并未引起多少国人的反思与共鸣。

1993 年底的一个深夜，广西北海的气氛格外压抑。在飞往四川成都的最后一班航班上，一个身影恋恋不舍地回望了一眼这片他即将告别的土地。这里曾经让他扬名立万，而今却又让他一无所有。

这个年轻人叫陈德明。一年前，他怀着对金钱的极度渴望来到北海。尽管来之前已经对这里的火热景象有所耳闻，但眼前的现实还是让他大吃一惊。那时候北海已经火了一年，到处都在开发房地产，房价噌噌噌地每天往上涨。不管是开发商、炒家还是打工人员，赚钱似乎都易如反掌。许多人刚到北海时一穷二白，不到几个月，就可能会开上大奔，让人觉得这简直是一出荒诞剧！

北海，濒临北部湾，是广西最靠南的地级市。今天，很少有人记得它是全国首批 14 个沿海开放城市之一，只有那些在美丽的海滨风光中若隐若现的烂尾楼，还在诉说着过往的欢腾与伤痛。

20 世纪 90 年代初，北海市政府梦想着在短短的几年里，迅速把这个原本只有十几万人口的小城改造成一个人口 100 万、城区面积 100 平方公里、工农业总产值 100 亿元的现代化大都市。他们"敢想、敢干、敢闯、敢冒"，通过廉价出让土地吸引了高达 87 亿元人民币的投资。这笔钱几乎相当于过去 20 年北海的所有投资总和。当巨额人民币突然汇集在一处，这座城市发生了惊天巨变。全国有 400 多家建筑公司同时开进北海，142 家甲级规划设计院在这里开设分院。一场狂飙突进的"房地产热"，很快让这座城市的名字红遍中国。

帅立国　时任北海市市长：

从 1992 年到 1993 年的 8 月份，我们转让的土地，包括修路补地整个一体的土地款大概是 23.6 亿元，可是这些全部用于基础设施建设，把机场 3200 米的跑道修了出来，当时全广西最长的跑道在我们这里。从钦州到北海修了铁路，还把城市道路宽度 50 米以上的 14 条主干道、总长度 169 公里的路全部铺过来。现在看到的北海，整体框架就是那时候搞出来的。整个时间是多少？1992 年造势出来，来了大批的人，他们得到了土地，半年时间做规划。我们要审核规划，他们去招商引资，真正启动是 1992 年下半年到 1993 年，一年半的时间，如今北海的全部面貌都出来了。所以当时的速度完全是超过深圳的。拉钢筋的万吨级轮船停到海湾卸货的不下 20 艘,你看当时那个热闹的局面,建房子、建道路、建水厂、建电力……整个就是一个大工地。老百姓住在这个地方,隔了三天再出去你都不认得路,就这么一个轰轰烈烈的局面。

王飞欣　原国家发政委试点司对外开放处处长:

当时我也参加了调研,大概有十几个生产队长一起开会,这十几个生产队长当时才从地里回来,都卷着裤腿,光着脚丫子,有的蹲在那,都是这种形象。但是几个月以后,在一个开发区的开工典礼上,一位生产队长来了。怎么来的呢?西装革履,开着凌志,手里拿着大哥大。就几个月的工夫,可想而知资金流入量有多大,当地农民生活水平的提高和收入的提高有多大。咱们这位生产队长那个时候有很多东西还来不及习惯,当时让他发言,那个话筒他还是倒着拿的。当年北海市的资金流进来以后,整个广西的头寸当中有 80% 是北海贡献的。1992 年开招商会,到香港地区、到新加坡,北海一个市的招商数额比全广西其他市、县的招商总额还大得多。

在北海短短一年时间,陈德明就混出了个样来,很快就成了一个百万富翁。而像他这样的百万富翁,整个北海实在是太多了。在改革开放的第二次浪潮中,房地产炙手可热的北海并不是一个孤例。同样的现象,在隔海相望的海南岛、在不远处的广东惠州,都在相继上演。不仅如此,1992 年,中国从南到北什么都热。

股票开始被热炒。在上海,一张用以认购股票的凭证价格直接被炒高了 100 倍;

◎股票认购券

米尔顿·弗里德曼

美国经济学家，以研究宏观经济学、微观经济学、经济史、统计学，主张自由放任资本主义而闻名。1976年获得诺贝尔经济学奖，以奖励他在消费分析、货币供应理论及历史、稳定政策复杂性等领域的贡献。重要作品有《资本主义与自由》、《消费函数理论》、《价格理论：初稿》等。

在深圳，股票认购证还招来了全国百万股民的哄抢，甚至引发踩踏事故；开发区也是"遍地开花"，全国的开发区一下子从原来的一百多个猛增18倍，有些地方连乡镇也在办开发区；"办公司"更是人们热衷的选择，"下海"成了全国最时髦的词汇，到处都有人在集资，到处都有"好项目"。

钟起瑞　中国人民银行计划经济司原副司长：

当时有几大热潮：开发区热、房地产热、股票期货热。那么这些钱从哪里来呢？都是从同业乱拆借来的。那个时候我们叫倒资金、炒资金，到了这种程度，就是你借给我，我借给他，炒来炒去，把利率越炒越高，转手，再拆给企业，有的还不是通过银行贷给企业的，而是直接到企业去。后来统计了一下，到1993年5月末，乱拆借额有1500多亿元，现在不算什么，但在那个时候是不小的数字了。几千亿、近万亿的贷款，只有8%是短期融通，所以造成流动性过剩，成为推高通货膨胀的众多因素之一。那时候乱到什么程度？国家银行都办三产（第三产业），办房地产公司，什么有赢利就办什么，很多流失都流到这里，通过银行贷款、通过拆借流到那儿去了。

历史似乎正在重演。1992年，中国经济再次进入一个加速发展的阶段。各项投资明显加大，主要经济指标全面超过上一次过热的1988年。当年，国民生产总值增长12.8%，工业增长20.8%，全社会固定资产投资增长37.6%。而1988年这三个指标分别是11.2%、20.7%和18.5%。

在盛宴中狂欢的陈德明们并没有察觉到，此时物价已经再度起飞，其上涨幅度从1992年的6.4%快速上升到 1993 年的 14.7%。到 1994 年，物价涨幅还将创下建国至今的最惊人纪录，达到 24.1%。"通胀猛于虎"，人们手中的人民币、人们存在银行里的积蓄，都只能无奈地接受大幅贬值的结果，汤玉莲那一笔已沉睡了 15 年的 400 元同样难逃厄运。

诺贝尔经济学奖得主米尔顿·弗里德曼此时正密切关注着中国，他在回答中国《经济参考报》记者的问题时一针见血地指出："高通货膨胀是因为政府印刷的货币太多，那是唯一的原因，哪里都是如此。"的确，当各地银行纷纷亮起红灯，向中央银行告急时，中国人民银行不得不再次大量增发人民币，印钞厂"一天 24 小时停人不停机"，人民币在 1992 年新增 6000 亿元，次年再增 9400 亿元。此后两年，人民币增长量甚至超过万亿元大关。

作为研究通货膨胀的国际大师，弗里德曼常常把通货膨胀比作酗酒问题，酗酒者开始饮酒时的初始效果是兴奋、兴致勃勃，喝醉酒的不快感在第二天早晨才会表现出来，如果继续以酒解酒，将加剧酒精中毒，再不悬崖勒马就会走向死亡的深渊。通货膨胀正是如此，总是先刺激经济的增长，解决就业，但最后往往会给未来的发展带来巨大的负面影响。如果对通货膨胀的诱惑没有足够的抵御力，后果恐怕不堪设想。

张秀莉　上海社会科学院历史研究所副研究员：

的确，我们知道，作为一个政权，货币发行是维系政权存在的一种重要的经济手段。货币的恶性通货膨胀，把社会发展的所有方方面面都捆绑进去了，老百姓的生存面临着很大的压力，这势必会造成社会混乱，影响人心的向背。

◎北海烂尾楼

1993 年，时任国务院副总理的朱镕基正为这场新中国成立以来最凶猛、最严重的通胀"食不甘、眠不安"。这年夏天，他兼任央行行长，随后立即召开全国银行行长工作会议，命令各行长在三个月内尽快把搞"股票热、房地产热、开发区热"的贷款收回来，"逾期收不回来，就要公布姓名，仍然收不回来，就要严惩不贷"，追究各行行长的领导责任及个人责任。

重拳之下，势如脱缰野马的银行无序状态被画上了句号，各种泡沫瞬间被击破。在北海，资金链断裂的惨相比比皆是，当地房价从每平方米1万元一路跌到400多元。狂潮退却，留在海滨的一幢幢烂尾楼成了北海永远的伤疤。半年后，再也坚持不下去的陈德明也黯然离开北海。这座城市，后来被称为中国的"泡沫经济博物馆"，而其他各种泡沫，同样也在朱镕基的严厉调控下一一破裂。

袁钢明　清华大学中国与世界研究中心教授：

朱镕基力排众议，他面对的是一个危局，几乎已经控制不住了的严重逆差、投资过热、经济过热、消费过热和通货膨胀一起上来，朱镕基可以说是临危受任。所以，他采取的手段大刀阔斧、雷厉风行，禁止各种各样的融资做法，禁止一切融资自由化的方式，把局面尽可能地收回来。这个做法迅雷不及掩耳，受到损失的人感到很痛苦，但是对于稳定当时的局面，我认为是非常正确的，否则以后将更难收拾。在这个问题上，对于朱镕基采取的政策，直到现在为止还是有争论的。但是当时只有采取这个措施，才能够阻止中国经济继续在一条疯狂的道路上前行。在金融过度自由化泛滥的情况下，他采取的这一种措施，使得经济重新走向了正轨，在之后几年起到了很大的作用。

张卓元　中国社会科学院经济研究所研究员：

当时采取了非常果断的措施，不但不再给房地产开发贷款，而且要收回原来的贷款，那就比今天的惯用措施厉害多了。朱镕基的作风，他是说干就干的，所以那个时候也比较快就取得了成效，但是留下了一大批烂尾楼。

钟起瑞　中国人民银行计划经济司原副司长：

性命攸关之际，朱镕基出任央行行长。第一，他很了解经济情况、金融情况，能够掌握实情；第二，他做的决策、决定也比较正确，他也重视调查研究。总的来讲，朱镕基任行长期间，对形势的判断、做出的决策，我认为都是很正确的。持续的软着陆，应该说是一个创举，当时处在亚洲金融危机期间，这是一个奇迹。

郑良芳　中国农业银行研究部兼经济体制改革办公室原主任：

这是新中国成立以来第一次。朱镕基觉得一些银行没有把贷款管住，他亲自出来，

◎《中华人民共和国中国人民银行法》

对有些行长予以猛批，所以有些行长很害怕朱镕基雷厉风行的作风。通过代任行长，加强金融管理，对金融系统加强整顿治理，把货币信贷集中在人民银行，这些措施对治理通货膨胀、加强信贷管理起到了良好作用。

这样一次通货膨胀的发生，终于触动了中国政府开始重新思考央行独立性的问题。国务院正是从那个时候开始下定决心，要把中国人民银行办成真正的中央银行，在转向市场经济的改革中彻底治理通货膨胀的病根。

痛定思痛，1995年3月18日，全国人大代表在人民大会堂郑重按动表决器，《中华人民共和国中国人民银行法》由此诞生。这部大法从立意到出台，整整经历了16个寒暑，几千个日夜。它明确了中国人民银行"保持货币币值的稳定，并以此促进经济增长"的目标，严词限定中国人民银行不得对政府财政透支，不得直接认购、包销国债和其他政府债券，不得向地方政府和各级政府部门提供贷款。用老百姓通俗的语言来说，中国人民银行终于有了法律依据，可以不再印钱供财政部门支出了。这是中国的金融事业向国际金融先进的通用原则大大迈出的一步，也是中国重新认识自我发展道路的一次重大变革。从此以后，中国弥补了金融法制建设和国家立法的一大缺憾，金融活动有法可依，开始逐步走上法治的规范轨道。

张逸民　中欧国际工商学院金融学教授：

我觉得对中国而言一个标志性的事件，是在1995年通过了《中华人民共和国中国人民银行法》，这个法当中有一条讲到财政部的财政赤字不能直接从央行透支。这点非常重要，这是一个里程碑式的事件。在这部法律之前，财政政策和货币政策是绑在一起的，财政部要花多少钱直接从央行那里拿。在1995年以后这种行为被禁止了，从此，财政部的资金来源只有两个，一个是税收，一个是发行国债，这样就不会影响整个社会的货币供应总量，财政部的财政政策和央行的货币政策就分开来了，央行就获得了独立的货币政策。其次，1998年央行取消了对全国贷款总额进行限制的规定，从直接调控改为间接调控，就更加偏重于公开市场操作，用调整存款准备金率来调节商业银行的贷款。

张卓元　中国社会科学院经济研究所研究员：

对于中国来说，如果搞市场经济的话，央行和审计机关的独立性应该不断增强才是比较合适的，这对市场经济发展是有好处的。

回想纸币超发之初所幻化出的种种美好，再面对纸币决堤泛滥后对经济生活造成的伤害，人们往往追悔莫及。这一张张令人爱恨交加的纸币究竟是什么？它是真实的财富，抑或只是虚无的幻象？

人类历史上最早的纸币诞生于中国。北宋初年，成都一带的商业十分发达，商品流通中需要大量的货币。但当地铜钱匮乏，如果使用铁钱，分量又过重，再加上蜀汉通往外界的道路异常崎岖难行，人们深感不便。于是，一种专为携带巨款的商人提供现钱保管业务的铺户出现了。存款人把现金交付给铺户，铺户当即把金额填写在用楮纸制作的卷面上，交还给存款人。这种轻便的楮纸券被称为"交子"，后来逐渐被人们当做货币在蜀汉一带流通起来，成为全球纸币的鼻祖。

交子事实上是一种存取款的凭据，本身只是一张纸，并无价值。一千年来，纸币的这一根本属性从没有发生过任何改变。它只是方便人们进行交易的一个工具，是经济的血液，是社会生活的润滑剂。作为工具，纸币最重要的是保持自身价值的稳定，以维护经济的有序运行。过量的纸币只能带给人们瞬间的快感，当纸币因为过度超发而急剧贬值，当通货膨胀降临人间，一切好不容易建立起来的人类秩序将顷刻瓦解。

如何在经济高速增长的同时控制好纸币的发行量，是一门深不可测的学问。近20年间，伴随着中国出口贸易的快速发展，人民币的发行量还在不断上升。到2012年，中国的人民币已经超过87万亿元，是1992年2.5万亿元的近35倍。人们感受到

©北宋交子

的是越来越强的通胀预期压力，民间甚至还会时不时地流传央行要发行 500 元和 1000 元大钞的所谓"风声"。

龙安志　《朱镕基与现代中国变革》作者：

其实，中国现在的通货膨胀也是非常危险的，而且必须控制。当然这个问题是现在中国经济中一个非常大的矛盾，这个矛盾从 1998 年记者招待会开始，因为当时朱总理说通货膨胀不超过 3%，我们的经济增长率不能低于 8%。从那时候到现在都是 GDP 增长率不能低于 8%，而且必须高速发展。现在很多经济专家包括政府官员的想法是，只有保证经济的飞速发展，才有人民满意，才有政治稳定，但这是一个很复杂的问题。因为其实这需要消耗非常多的资源、能源，才能保持这个增长率。那么，能不能可持续发展呢？我觉得现在必须控制通货膨胀，用别的方法来满足人们的一些希望和需求，不能够只是有一个飞速发展经济的方法。

赵晓　北京科技大学东凌经济管理学院教授：

我们很重要的目标就是稳定物价，并保持经济增长，这跟发展中国家的特点是比较吻合的。两者之间形成一个平衡，如果物价增长太快了，那么降低一点经济上的速度，把物价降下来；如果经济增长速度太低了，那么就用物价的上涨作为代价来换得经济增长。

麦金农　美国斯坦福大学教授、当代金融发展理论奠基人：

中国现在是世界第二大经济体，中国的通胀是进口输入型的，而不是在本国形成的，是由于太多的热钱涌入，所以解决通胀的最好办法是让美国提高利率。美国不应该再抱怨中国，应该停止劝说人民币升值。如果人民币没有升值预期，那么热钱就不会继续涌入，中国政府就更容易控制物价水平。

斯蒂芬·罗奇（Stephen Roach）　美国著名经济学家，美国耶鲁大学商学院经济学教授：

近年来人民币升值，许多热钱涌入，外汇储备不断积累，许多原因构成了目前中国的通货膨胀。CPI 并不是衡量通货膨胀的唯一手段。近年来，中国经济发展得太快，但并不稳定。通常中国应对通货膨胀有四个办法：一个是在农业领域，调整食品的价格；

二是提高银行准备金率；三是提高利率；四是让人民币持续升值。针对目前通货膨胀率较高，我建议中国政府更多地采用货币政策来调整利率。我认为中国的利率至少应与通货膨胀率相等，对于 CPI 而言，如果食物的价格大幅下降，CPI 就会大幅下降。目前中国人民银行稳定利率，我认为他们可以采取更紧缩的货币政策。目前中国的货币政策大体上是正确的，但需要一定的时间来让政策显现出效果。

世间万物，总有其矛盾的两面，人民币也不例外。是膨胀，还是紧缩，始终在考验着管理者的智慧。

但老百姓的日子还得继续往下过。2010 年，当四川成都的汤玉莲无意中翻出那张泛黄的存款单，这笔钱的购买力，几乎已不足当年的 1/10。失望之余，汤玉莲重新做了一个决定，她让那些人民币永久地存在银行，转而保留下了这张存款单，作为自己人生中的一次深刻教训。

然而，还有更多的人仍然像 30 年前的汤玉莲一样，在不停地往银行账户里存钱。对他们来说，人民币仍然是安身立命的根本，他们并没有太多别的选择，只能把未来的希望一份份继续储存在这一张张人民币上，同心同德共担国是。但汤女士那 400 块钱的故事，总是埋在他们内心深深的不安。

赵晓　北京科技大学东凌经济管理学院教授：

对老百姓来说，要学会投资。就是说你不要让你的货币发毛，不要让你辛辛苦苦赚来的钱化成水，要怎么办呢？我们知道，通货膨胀是一匹马，你要跟这匹马赛跑，人是跑不过马的，但是人有一个办法，就是可以骑马背上。这是什么意思呢？就是你一定要做投资。所以，今天的老百姓一定要懂得理财，你不理财，财不理你。那么理财是什么？理财的目的不是赚很多钱，理财最重要的目的是保值，保证自己辛辛苦苦赚的钱，不被通胀所吃掉。它就是一只老虎，它要吃掉你，那你要想办法骑在马背上，不被它吃掉。

巴里・埃森格林（Barry Eichengreen）　美国加州大学伯克利分校经济学教授济学教授：

我认为对于一个国家而言价格稳定是非常重要的。人们储存人民币，他们就会关心它的币值会不会下降，会关心它的安全性，当然不希望出现通货膨胀。而我们知道在 2011 年中国的通货膨胀率甚至超过了 6%，所以中国当前最重要的问题就是要控制通货膨胀。

自 1948 年 12 月 1 日中国人民银行成立、人民币诞生以来，中国的金融体制改革走出了一条市场化、法治化、国际化的发展之路，尽管这条路上充满了艰辛、曲折甚至是反复，但最终还是给人们留下了宝贵的经验和深刻的教训。在全球经济一体化的今天，如何控制好一国货币的发行量，这个问题正变得前所未有的复杂。但历史总在提醒我们，要保证社会经济的持续稳步增长和人民收入的持续稳步提高，首先必须保持人民币币值的稳定，必须依法保障中央银行的独立性，这是新中国成立以来几代人金融法治实践的首要结论。理智、勇气和行动，才是人们摆脱困境的关键。

王巍 中国金融博物馆理事长：

关于政府的信誉，政府第一要 Discipline，就是说要有纪律。在发行货币时，要按照经济增长的需要发行，而不要超发货币，超发货币就会出现通货膨胀。

马涛 复旦大学中国金融史研究中心副主任：

人民币要有立法监督。货币发行多少，要经过人大批准、讨论，因为它印出来、发出来，会直接影响到人民的利益，影响到人民的财富是缩水还是升值，那人民一定要有权利管好这个东西。

独家访谈
EXCLUSIVE INTERVIEW

中国政府所采取的货币政策至今为止可以分为几个阶段，各自有怎样的特点？这和通货膨胀以及经济发展又有着怎样的联系？

陈雨露　中国人民大学校长：

新中国成立已经 60 多年，我们大概可以把它的货币政策历程划分成六个大的阶段。

1983 年以前是第一个阶段，主要是计划经济制度下的一种货币政策。

第二个阶段，是 1984 年到 1992 年，这段时间开始探索商品经济，开始探索由信贷计划向间接的调控体系转型。这段时间因为是个探索的过程，所以出现了比较大的物价波动，甚至出现了经济的硬着陆。

第三个阶段，是 1993 年到 1997 年，在这段时间我们实行的是反通胀的政策，在整个金融制度方面，在外贸体制、财政体制和企业改革方面，我们都开始大力度推进。在这样一个新的时期，我们出现的问题，一个是金融秩序，从一个旧的体系到建成一个市场经济制度下的新体系，这里边我们容易出现一些混乱，所以就要整顿金融秩序；第二个就是出现了信贷的失控，那么要想尽一切办法，用间接的手段把通货膨胀控制住。这段时间我们最后的目标是达到了的，实现了经济的软着陆。

那么 1998 年到 2002 年这段时间，我们主要的货币政策是反通胀紧缩。那时，亚洲金融危机给我们带来了比较大的困难：一方面我们的出口下降得很快，导致经济增长率下降得很快，失业率上升得很快；另外一方面，我们为了在亚洲负起责任，人民币不能贬值。所以，我们所采取的政策就是积极的货币政策，要刺激经济的增长，通过其他办法来刺激出口的增加，同时取消了信贷规模的管理，往市场经济制度下的货币政策体系迈了非常大的一步。

从 2003 年开始到 2008 年，这是第五个阶段，这个阶段也是反通货膨胀，采取的是稳健的货币政策。这段时间出现的特殊情况，就是我们加入了世界贸易组织，中国出现了新一轮的经济过热，我们整个国际收支由原来的逆差变成了双顺差，从而中国的外汇储备开始突飞猛进，货币供给量大幅度增加，这是一种新的情况。我们采取的所谓稳健的货币政策，也就是既要能够保证经济增长速度，同时又要把过多的流动性给压制住。所以在这个阶段，我们出现了一些新的情况，就是全球化的因素、国际化的因素、开放的因素，对我们物价的影响、货币政策的影响越来越大。我们的房地产出现了一定程度的泡沫现象。这是以前从来没有遇到过的，我们货币政策的执行实际上遇到了很大的挑战。

最后一个阶段就是 2009 年以后，也就是国际金融危机爆发以后。因为这个危机来势汹汹，所以我们为了应对这次危机采取了非常宽松的货币政策。我们在银行信贷方面放得很开，连续几个十万亿元的贷款出去了，所以在避免经济大幅度下滑方面还是发挥了比较不错的作用。但现在，我们正在集中精力解决后遗症，包括通货膨胀的问题、资产价格居高不下的问题，这些都是现在货币政策的主要目标。

所以这 60 多年，六大阶段，是一个大的经济体制由计划经济向市场经济制度，就是社会主义市场经济制度转型的一个大的时代。货币政策也一步一步地向一个完善的社会主义市场经济货币政策体系发展，逐渐逐渐地深入，形成一个科学合理的体系。

对于新中国成立 60 余年来发生的八次通货膨胀，究其原因和最终治理的方法，有些什么样的看法？

郑良芳　原中国农业银行研究部兼经济体制改革办公室主任：

八次通货膨胀的原因、治理应该说对我们有着重要的启迪，我归纳了几个重要方面，大体上有这样五条重要启迪：

第一条，就是说人民币的本质是纸币，纸币就要受到马克思所说的纸币流通规律的制约。马克思讲得很清楚，发行过多货币就要贬值，所以现在回过头来看，我们历届人民政府都非常重视货币发行。人民币发行过多就贬值，物价上升。这一条就是说，为了人民币稳定，我们一切的经济工作要按照货币流通规律来办事，这是很重要的一条。

第二条，从八次通货膨胀来看，我们要稳定人民币，必须要控制固定资产规模。因为从八次通货膨胀来看，发生通货膨胀的一个重要原因就是固定资产增长过快，经济发展速度过快。

第三条，要控制财政赤字。八次通货膨胀都有财政赤字的原因，财政赤字必然要造成通货膨胀。所以我们要稳定人民币，必须要保持财政赤字平衡，要有节余。就是说要稳定人民币的话，一定要控制财政赤字。

第四条，要控制通货膨胀必须要控制信贷，控制现金。八次通货膨胀都有一个重要的原因，就是信贷失控，信贷失控的结果必然导致货币投放失控，信贷投放大、现金投放大，造成通货膨胀。

最后一条，我们要非常尊重陈云同志讲的，搞经济建设不能靠通货膨胀。陈云同志对于温和的通货膨胀都是反对的，所以在20世纪50年代治理国民党恶性通货膨胀的时候，他曾经写了一篇文章，专门论述通过增加税收还是增加货币发行量的选择问题，他说还是增加税收好。通过增加税收，物价稳定了，对工商业增加生产、增加就业都有好处。通过发行货币导致物价上涨，那大家怕物价上涨就囤积物资去了，就不好好生产，因为人们不缺钱了，所以有钱的公司经理就像现在这样，去炒房，炒其他物资去了，就不安心从事生产了。所以陈云同志对于通货膨胀的治理，这个论述是非常精辟，非常正确的。

守信的人民币

　　从新中国诞生之前的苍茫岁月直至今时今日，每一张人民币，都仿佛是一份在人民与国家之间的特殊契约，承载着相互的信任与尊重。充满智慧的人类参透了信用的价值，创造出各种信用工具。当一只贝壳被赋予信用，就可以神奇地用来交换商品；而一张纸如果获得了强有力的信用保证，就可以让千千万万人民接受。取信于民是货币的根本，也是执政的基石。

◎杨琦　　　　　　　　◎第一套人民币拾圆券　扛榔头者为杨琦

　　这是一位普通的上海市民，名叫杨琦，今年 88 岁。邻居们大多不知道杨琦的过往，直到不久前，他们才得悉一件鲜为人知的事。原来，这位喜欢画画的老先生竟然参与设计了中华人民共和国的第一套人民币。

　　这便是杨琦珍藏了 64 年的作品，第一套人民币的 10 元券，发行于 1948 年。令大家最感到意外的是，票面上戴着工作帽、扛着榔头的工人，其设计原型原来还是杨琦本人。

杨琦　第一套人民币参与设计者：

　　在印钞厂里面，我搞设计、雕刻、制版。第一版人民币上这个工人和农民当时是按照毛主席的"工人阶级领导、工农联盟为基础"这么一个思路搞的。但实际上，我们也没有工人和农民的资料和照片。所以就提出来，找一个画家，帮我们来写生。我和翟英这个时候就当模特，因为不能请其他人，要保密。一个当工人，一个当农民，因为我原来就是工人，翟英就是农民出身，所以我们就当了人民币的模特。

人民的面孔就这样被永久定格在了国家货币上。中国上下五千年文明，这算得上是破天荒的第一次。

在进一步设计这两张人民币时，杨琦特意选用了中国传统的"吉祥如意"图案。"吉祥"成为中国人民银行行名的门花，"如意"则是四个角的装饰。

杨琦　第一套人民币参与设计者：

当时的形势已经逐步明朗，全国快要解放了。在这样的情况下，解放区的人民以及国民党统治区的人民，心情都非常亢奋。我们觉得应该要为中国人民银行摆上这么一个吉祥如意的图案，来表示我们对人民币诞生和新中国成立的祝贺。

新中国成立后，杨琦一直在上海印钞厂工作。他见证了一套套人民币从印钞机上被生产出来，也看到了更多各阶层、各民族人民的形象陆续登上人民币。这一张张人民币，仿佛就是一份在人民与国家之间的特殊契约，承载着相互的信任与尊重。这是一个由人民当家做主的国度，半个世纪前，人民委托国家统一发行全新的纸币——人民币，开始用它来进行交易，调度社会资源；半个世纪后，当人们感慨于中国的崛起以及人民币国际地位的提升时，有个问题总令人充满好奇——这张纸币究竟有什么特殊之处？它何以能够取得全世界 1/5 以上人口的高度信任？

1955 年，是新中国成立后的第 7 个年头。春节刚过，上海街头各种商铺的生意突然红火了起来。不少市民拿出积攒多年的人民币，四处求购呢绒、毛线、床单、针织品和首饰；黄金交易也变得十分活跃，中国人民银行每天卖出的黄金，是平日里的 3 倍之多。不止是上海，在北京、天津、广州、重庆和西安等地，类似的现象也频频发生，时而竟演变成

中华人民共和国宪法

一九五四年九月二十日第一届
全国人民代表大会第一次会议通过

◎《中华人民共和国宪法》（第一部）

◎各大报纸对第二套人民币发行的报道

了抢购物资和黄金的群体性事件。全国上下，一种异常的气氛四处弥漫。

就在几个月前，由 1.5 亿人参与讨论、国内各界顶级专家参与起草的《宪法》获得了通过。"一切权利属于人民"，中国几千年历史上第一次以国家根本大法的形式明确了人民在国家中的地位，可谓是一次开天辟地式的创举。但中国人民刚刚当家做主没多久，突然就慌了神。这年正月的最后一天，各大报纸的头版头条上都刊登了一条新闻——新中国即将发行第二套人民币。依照国务院的命令，人们手中的旧币将按 10000：1 的比例统一兑换为新币。10000：1？人民币是不是要贬值了？物价会不会上涨？刚刚从战乱中艰难走出、曾经饱受纸币贬值之苦的中国民众，内心深处对纸币的恐惧在一夕之间被再次唤醒。

温铁军　中国人民大学可持续发展高等研究院执行院长：

新中国一开始继承了民国遗留的高通胀危机，这并不是新中国的耻辱，只是一个客观现实。

潘连贵　中国人民银行上海总部《上海金融年鉴》编辑部副主任：

第一套人民币，因为是战争时期发行的，当时称为新中国的战时货币，它留存有通货膨胀的痕迹，主要有这几个方面：第一，它的票面过大，最大面值有五万元，单位价值非常低；第二，纸张太差，票幅参差不一，容易污损破残，而且给伪造者可乘之机；第三，人民币在使用当中没有主辅币，都是以元为单位的。这些制度，都是要进行改革的。

赵学军　中国经济史学会副秘书长：

第一套人民币在印制的时候存在好多技术性问题，比如防伪问题、面值问题等，到了1954年的时候已经越来越不适应经济运行的需要了，特别是第一套人民币上没有少数民族文字，这也是一个缺陷。

王松奇　中国社会科学院金融研究所副所长：

1955年，主要是战争结束之后，经过初期的"三反"、"五反"，我们这个新政权基本稳定了。而原来的货币呢，有12种卷别，62种币别，版别太混乱了，而且价值不一样，从一元到五万元的面值都有。所以一定要弄成一种非常简单的货币，让大家流通起来更方便，给大家一个简单的尺度。

1953年，当时主持中央财经工作的陈云向毛泽东和党中央递交了一份《关于发行新币问题的请示报告》。在这份报告中，陈云写道："发行一种单位价值较高的新币来收回现行的人民币，以整理筹码，缩小票面额，实有必要。"

第二套人民币的发行，本意是想消除新中国成立前后通货膨胀的阴影，在国内和国际上重塑人民币的信用，不料却引起了中国老百姓的不安。人们交头接耳，私下开始议论起几年前"苏联老大哥"的那场货币改革。当时苏联的做法是，民众的现金全部以10：1的比例兑换新钞，银行存款则采取差别兑换的方式，规定限额内1：1兑换，超出部分贬值兑换，数目越大，贬值越厉害。

赵学军　中国经济史学会副秘书长：

当时苏联为了解决它的战争费用，采取了几个手段，一个就是增加税收，再一个就是征收战争税，第三就是发行政府债务。在这种情况下，许多苏联农民、集体农庄和小商人手里赚了不少钱，积累了不少财富，相反政府倒是欠债不少。那么怎样把政府这个债务包袱卸下来呢？苏联想搞新旧币兑换，通过一个比较隐秘的手段，把政府的债务卸掉。最后实行了有差别的兑换。不同阶层去兑换新币的时候兑换比率是不一样的。通过这种办法，实际上政府就把好多债务给赖掉了。还有在兑换过程中，要求一周之内就必须兑换掉，过期作废，边疆地区时间稍微宽裕，是两周。全国都在这么短的时间里大规模兑换货币，那是不可能做到的。事后统计是大约30%的货币都没兑换，也就是政府赖掉了30%的账，实际上是对老百姓财富的一种掠夺，所以说许多人都非常不满。

◎苏联卢布

沈志华　华东师范大学历史系终身教授：

苏联货币改革有些突然，它的时间很短，新币和旧币的兑换比例是1：10，而且不是所有的钱都可以换，甚至有一定的比例。对那些发了战争财的或者是通过其他手段有了比较丰厚收入的人而言是一种剥夺。所以，实际上通过1947年的币制改革，一方面是整个国家的金融稳定了。计划经济讲究操控，如果大量的资金在民间，它怎么操控？就要通过币制改革把整个金融体系操控起来。另一方面就是财务的掠夺，把这些财富都集中到政府的手里。

徐明棋　上海社会科学院世界经济研究所副所长：

从总的层面来看，币制改革会损害原来持有货币的人的利益。原来的有产者，原来持有货币或持有各种各样资产的人，在兑换过程中，利益或多或少会受到损失。政府从中可以获得一定的利益，发行新的货币，就变成这个政府的铸币税。

1955年，人民币现钞的持有者多为农民、工人和商人，对于新币的发行，他们疑虑最大。新中国政府会不会也实行像苏联那样的货币改革？或者，几年前国民党政府推行的那种金圆券改革有没有可能重演，致使人民在新旧币兑换中蒙受巨大损失？大多数人为此夜不能寐，有的人决定尽快把人民币花出去，换成物资或黄金，以求保全自己的财富。

陈云作为当时主管经济工作的领导人，一贯认为人民群众是党赖以生存、发展的基础，主张人民群众利益至上、要保证人民当家做主的地位。他清醒地意识到在中国这么一个人口多、底子薄的大国搞货币改革的复杂性和艰巨性。事实上，他在向毛泽东和党中央递交报告时，已经详细分析过苏联的做法。他认为，那样做会使人民蒙受损失，引起他们的不满，并且"会打击私人资本，招致私营工商业萧条、倒闭，职工失业"。所以这种做法是万万不可取的，严重的话，甚至会动摇国家的根基。

赵学军　中国经济史学会副秘书长：

陈云在思考新旧币兑换的时候，特别关注苏联，还有东欧、波兰这些国家的货币改革经验，他认为采取苏联式的货币改革方案是不可取的。如果采取苏联的办法，第一是对老百姓的一种掠夺，第二是对工商业的一种掠夺，特别是很可能会打击工商业者的积极性，那么对经济的恢复和发展都是不利的。所以他最后主张整齐划一，无差别地兑换货币，这是他的思考。以陈云为代表，新中国成立初期的老一辈革命者，他们都是从战争年代过来的，打江山、建立人民政府的目的就是为了让人民生活得更好，所以说他考虑这些经济问题的出发点还是人民。怎么让人民财富增长，保证财富不受掠夺，老百姓的生活变得更好，是进行新旧币兑换的一个基本出发点。

叶永烈　作家：

陈云主持经济工作时，严厉地打击贪污，他要求他的手下绝对清廉，处处为老百姓着想。在这些重大决策中，第二套人民币发行应该是最重要的一个美头，他说要等值地兑换，这样人民利益才不会受到任何的损失。从这些意义上，他是把人民放在第一位的。

武力　中国经济史学会副会长：

当时为了恢复经济，为了刺激私营工商业的发展，不能采取竭泽而渔的方式，通过币制改革剥夺工商业者。而且这些民族资产阶级、小资产阶级一直是拥护共产党的，是这个政权的基础之一，他们属于人民的范围，不能再去剥夺他们。我觉得这个方法是对的。

陈云的主张最终被采纳。第二套人民币面世时，人们看到的不仅有庄严的国徽和天安门，还有中共中央一个郑重的承诺——"发行新币时，采取对货币持有者不分阶层、不分现钞与存款，一律照1：10000的兑换方式。"同时，全国的物价和一切债务也都统一调整为原来的1/10000。货币、物价和债务被同时去掉了4个零，人们发现，虽然他们持有的货币看似少了，但财富却没有发生变化。

◎第二套人民币壹圆券

许树信　中国革命根据地货币史专家：

　　第二套人民币的发行不是币制改革，它是一种币制的革新。因为货币的基本制度和基本性质没有改变，它是为全体人民利益服务的，不是牺牲哪一部分人的利益来保证货币的发行。

戴志强　中国钱币博物馆原馆长：

　　一块钱换一万块钱，这样的比例，实际是给老百姓一个定心丸，完全改变了解放前通货膨胀的局面，使人民对新中国充满信心。所以在这一点上，它的政治的影响更深远。

赵学军　中国经济史学会副秘书长：

　　老百姓发现原来一万块钱能买到的东西，现在一块钱能买到，人民币的币值根本就没有贬，手里的财富没有受损，所以对人民币就非常信任，对新货币也非常信任。总的来看，政府在这次新币改革的时候，宣传措施、工作办法、保密措施等都做得非常到位。所以对政府的信用肯定是一个大的提升，对于人民政府的信誉也是一个大的提升。

季卫东　上海交通大学凯原法学院院长：

在1955年，发行第二套人民币，把一万元变成一元。这个时候我们可以看到，人民币回到了它应该有的价值上。当把人民币的价值从一万元改到一元的时候，是基于一个物质财富的基础来作决定的，准确地反映了中国当时所拥有的物质财富的价值，这一点很重要。也就是说，一方面是政府的社会信任度，它造就了一个稳定的经济和社会状况。第二点，面对货币的发行，当时政府是有节制的，这就是实事求是精神的一种体现。我们可以看到政府对于它的货币发行权的自我限制。

人民政府是讲信用的！全中国六亿人悬着的心终于放下了。印有汉、藏、蒙、维吾尔4种文字的第二套人民币，开始通过全国7万多个兑换点走进寻常百姓家，短短100天，这场规模浩大的新旧币兑换即告完成。整个过程中，物价平稳。人民币重树了信用，中国的货币制度焕然一新。

◎兑换第二套人民币的情景

信用是无价的。人类发展史上已经有大量事实表明，没有信用的社会必定不是人类所愿意选择的社会，是个野蛮的、不配为人称道的社会。充满智慧的人类参透了信用的价值，创造出各种信用工具，其中，货币正是最典型的。当一只贝壳被赋予信用，就可以神奇地用来交换商品；而一张纸如果获得了强有力的信用保证，就可以让千千万万人民接受。取信于民是货币的根本，也是执政的基石，这样的认识，始终贯穿着中国共产党的发展历程。

遵义，黔北的商业重镇。1935年1月的一个傍晚，中央红军的一队士兵在遵义城里广贴告示，提醒当地民众要连夜把手中的红军票拿来兑换物资。红军要回收他们发行不久的货币，这是怎么回事？

就在12天前，中央红军才刚刚在遵义驻扎下来，这是他们三个月长征以来所经过的第一座中等城市。为了补充给养、购买生活和医疗用品，时任中华苏维埃共和国国家银行行长的毛泽民决定在遵义发行纸币。他把从军阀和土豪手中缴获的重要物资——食盐拿到市场上以平价销售，但要求民众必须使用国家银行发行的红军票购买。遵义的群众和商家开始逐渐愿意向红军出售物品，换得他们的红军票，以用来购买珍贵而廉价的食盐。红军票的信用慢慢赢得人心。

曹耘山　毛泽民外孙：

为什么那个时候在遵义会发行红军票？实际上我们在一路上国家银行有规定，是不准发行票子的，因为发行是个很复杂的过程，你要发行，就要有兑换，要有流通，最后要有回笼。你把票子发给老百姓，最后自己走掉了，不就是砸自己的牌子，丢自己的人吗？过去的军阀都是这么干的。当时我们打下遵义的时候，从贵州的军阀王家烈手里缴获了很多盐和烟，银行就贴出告示说现在我们有大量的盐，很便宜的出售价钱，但是只准使用我们的票子，红军票。那么商家一看，红军票是可以买到便宜的盐的，所以拿红军票去买衣服，去买食品，去买药品，去买其他东西他也接受。他知道，拿了红军票，一个可以去买盐，再一个可以到红军银行里换一块钱银元。它能换回来，这就让红军票得以流通了，这就是一次发行。这个发行是靠什么作为本位的呢？不是靠着金和银，是靠着特殊的稀有产品，就是以盐来做它的本位，然后使它有了信用，使它可以在市场上流通。

12天后，中共中央放弃了在遵义建立根据地的计划，红军决定马上撤离。但老百姓手中还持有大量的红军票，这该怎么办？

吴景平　复旦大学中国金融史研究中心主任：

如果说红军不这样告示，而是突然地走了，民众会认为，这个军队和旧军队甚至和土匪可能没有太大的区别，就会影响到共产党和红军在人民心目中的地位。

张跃群　上海造币有限公司高级经济师：

假如把纸钞留下，等于是留张废纸给老百姓。那么我们共产党就失信于老百姓。为了确立它的信誉，在临走的前一天设了很多点，晚上都有灯吊着，让老百姓来换，可以直接兑银元。

许树信　中国革命根据地货币史专家：

从国家银行的角度来说的话，它们好像从来没有考虑过不回收的问题。为什么呢？一个是必须避免老百姓的损失；再一个的话，老百姓如果手里拿着红军的票，那么对国民党来说这是犯法的，可能会受到迫害。所以红军绝对不能够把这个东西留给他们作为一种遗患，所以红军是一定要把它收回的，根本没有考虑过不收回的问题。当然这其中有信用的原因，但是从当时来说，更重要的是老百姓的生命和利益。

正是出于这样的考虑，毛泽民作出了一个艰难的决定。他主张拿出物资和光洋，迅速找民众兑换回笼红军票，甚至还亲自挑着光洋送到兑换点。这维护了民众的利益，维护了货币的信誉，也维护了红军和共产党的形象。

曹耘山　毛泽民外孙：

当时，红军方面贴出告示，三天之内大家都拿红军票到指定的兑换点去换回银元。通过这么一件事，反映了我们共产党、红军是为老百姓服务的，共产党虽然发行了票子，但临走的时候不像那些军阀一样，把老百姓的财富搜刮完之后扭头就走了。共产党是对人民群众负责的。那时候还准备了烟土，如果手里的银元不够，我们还有烟土，烟土也是一个有价的东西。所以，它不仅是票子的信用，也是红军的信用，是共产党政权的信用。通过一次纸币的发行来宣传我们红军，证明我们是真正为人民群众服务的，我们是人民的军队。很多人后来参军了，当兵跟着红军走了，因为人民群众认为共产党这支军队是他们从来没有见过的好军队。

潘连贵　中国人民银行上海总部《上海金融年鉴》编辑部副主任：

当时为了解决民众困难，保持人民军队的信誉，就实行全部回笼。这对共产党信誉的提高起到了一定的作用，老百姓就觉得这个工农红军是人民的军队，共产党是为了我们人民利益的。这个故事实际上也成了长征途中的一段佳话和美谈。

戴志强　中国钱币博物馆原馆长：

这实际上是做群众工作的一种方法。要对我们的军队，对我们的民众有一个交代，事实上通过这样一个事件，在老百姓当中印象是非常好的。它所收回来的东西，恐怕远远超过了它实际上放出去的东西。收到了民心，收到了更多人对我们红色政权的支持。

一个昼夜不眠不休地回收货币，红军放弃的是大量食盐、米和布匹。在他们此后近两年的茫茫长征中，这批物资能够挽回多少将士的生命，也许没办法估量。但他们更清楚的是，这世间还有比生命更可贵的，那就是信用。

自1948年人民币发行以后，新生政权从零开始，不断为人民币注入信用。他们对信用的坚守，让中国拥有了一种稳定的货币，国民经济才有了健康的血液，这为人民的劳动分工和协作提供了最基本的工具，促进了交易成本的降低，推动了全中国贸易的复活；这种坚实的信用还被输送到社会机体的每一处空间，催生了现代金融体系的重建，各种商业银行由此诞生，信贷、债券、保险、股市等陆续出现，为社会资源的整合配置提供了基础性的条件，激发出人们创造的欲望。最终，人民币成为推动中国进步的力量，点亮的是一个高速发展的信用社会。

回看人民币伴随中国走过的60余年，这是国家逐步取信于民的一个特殊年代。当人民币作为财富能够被人们自由追逐并得到法律的保护，中国往往是在呼吸着市场经济清新的空气；当人民币不明不白地离人们而去，一定是计划经济的缰绳在往回收紧。当人们对人民币信心满满时，经济往往是蓬勃向好；而当人们开始怀疑它的价值时，经济一定是在走向滑坡。美和丑、善与恶，五套人民币已经用它们不同的命运，为这些看似对立实则模糊不清的价值观划清了界限。

孙立坚　复旦大学经济学院副院长：

货币是国家经济的一面镜子，当国家经济强大了，你的货币一定能体现出这是一种有信用的货币，它的价值就会稳定，并具有一个上升的势头。如果经济出现下滑的话，货币就会疲软。

张军　复旦大学经济学院教授：

市场经济某种意义上讲就是个信用经济。对于政府来讲，发行一种货币等于提供了一种信用保证，政府的信用变得非常重要。货币变成了国家信用的一个象征，它是一个主动的角色，它不仅用于计价、交易，还具有储藏价值，变成了国家的经济政策能够得以执行的一个非常重要的基础。所以管理货币，就变成了管理整个市场经济的一个最重要的手段。

肯尼斯・罗格夫（Kenneth　Rogoff）　国际货币基金组织前首席经济学家：

货币很重要的一点是它的信用，人们必须对这种货币有足够的信任，包括它是如何管理的，让人们不至于受骗。是你对政府的信任让你对这种货币有了信任。

温铁军　中国人民大学可持续发展高等研究院执行院长：

货币的信用来源是什么？政治强权。一个国家的政权有多么强大，它所派生的货币信用体系就有多么强大。人民币的信用基础乃是一个国家的政治强权，在于国家的政权是否稳定和强大。如果从本质上来说，人民币是一种信用，这种信用用印刷得花花绿绿的纸来表达。它的本源是一个国家的政权的强弱。

王松奇　中国社会科学院金融研究所副所长：

人民币的信用主要源自国家的经济实力，源自政权的稳定性。国家通过不断改革、发展，经济实力越来越强，是人民币信誉稳固的一个最重要的保障。货币的背后是经济，经济的背后是政权。

吴景平　复旦大学中国金融史研究中心主任：

实际上，货币是和它的发行者、管理者的政治声誉以及信用联系在一起的。一个政权是否顺应历史发展的潮流，是否顺应民心民意，是否能够代表民族的利益，都会极大地反映在货币的流通状况和信用状况上。

在世人的眼中，人民币曾经是那么陌生，那么不可信任，就像过去那个陌生的社会主义国家。一条规定，曾经把人民币与世界完全阻隔。那是《中华人民共和国禁止国家货币出入国境办法》——1951年由中央人民政府政务院制定并实施。在这之后的数十年间，人们如果携带人民币出入国境，则将这些人民币一律没收。

刘社建　上海社会科学院经济研究所研究员：

在新中国刚成立的时候，由于我们国家的情况，西方资本国家对我们进行封锁，与我们建交的国家并不是太多。所以，人民币可以使用或者说是流通的氛围比较小，基本上是限于我们国内。

徐明棋　上海社会科学院世界经济研究所副所长：

人民币的币值虽然保持相对稳定，但是由于我们在国际环境上是遭到美国封锁的，国际贸易开展得也不正常，当时只能和苏联、东欧一些国家进行极少的贸易，而且这些贸易不是使用美元，都是用卢布来结算的，所以贸易的规模非常有限。在这样的一个背景之下，人民币是一个不可完全兑换的货币，在国外是没人愿意接受人民币的。

王松奇　中国社会科学院金融研究所副所长：

那时候，发达国家肯定觉得这是一种初期的很幼稚的货币。它代表着一个新国家，一

◎《青海日报》报道《中华人民共和国禁止国家货币出入国境办法》

个新政权，一个新的社会经济体矗立起来了，但印得非常粗糙，纸张、印刷技术以及各种鉴别很混乱。在发达国家人眼里，那肯定是一个比较粗糙的带有小学生作业式色彩的东西。至于它以后发展怎么样，外国人不知道，中国人自己也不知道。

安德鲁 · 布朗（Andrew Browne）《道琼斯》及《华尔街日报》中国总编辑：
我第一次见到人民币是在 20 世纪 80 年代早期乘火车环游中国的时候。当然，那时候如果你是一个外国人，你是不可以持有人民币的，你必须使用外汇券。我对人民币的第一印象是一种奇怪的货币，因为在中国之外的地方你看不到这种货币。它的面值不高，你可以看到人们把很多人民币放到一块，用一个小夹子夹起来。当时人民币的供给比现在少得多，所以人们会珍视他们手中的每一张钱币。

在新中国成立后的 30 年间，特殊的意识形态构筑起了一堵高墙，把中国人与外面的世界完全阻隔，也把人民币牢牢束缚在这片国土之上。
直到 1980 年，中国重新恢复在国际货币基金组织和世界银行中的合法席位，这堵墙才终于开始被击破。当时的一些中国人尝试走出国门，才发现外面的世界并没有那么危险，参加一个所谓的"以美国为中心"的西方国际金融体系，也不再那么可怕。一个让人感到新鲜和兴奋的世界，正在中国人民的面前缓缓打开。

张军 复旦大学经济学院教授：
我想中国就是在改革开放以后，才开始进入西方世界的视野的。中国很希望重返这些国际组织，当年中国都是它们的创始国之一，所以必须要有中国，中国要恢复在这些组织里面的地位。其次，加入了世界银行或者国际货币基金组织，就可以成为它们援助的对象，同时要求你自身的很多政策要跟它们在经济发展上面的政策进行一些协调。所以在改革开放的过程中，在经济发展的政策上，几个重要的阶段里都有世行（世界银行）和 IMF（国际货币基金组织）的影子。它们进行介入，不仅跟领导层之间有沟通，在经济学界也有很多重要的会议和资讯活动。它们为政府提供一些咨询和顾问，在金融、国有企业、社会保障等一些重大领域里为中国提供技术性的援助，这个很重要。

何志成 中国农业银行高级经济师：
世界在承认中国是实现世界和平发展的重要力量，体现在政治上的承认就是列强

国际货币基金组织

英语简称IMF，是根据1944年7月签订的《国际货币基金协定》，于1945年12月27日在华盛顿成立的。它与世界银行同时成立，并列为世界两大金融机构之一，其职责是监察货币汇率和各国贸易情况、提供技术和资金协助，确保全球金融制度运作正常；其总部设在华盛顿。中国是该组织创始国之一。1980年4月17日，国际货币基金组织正式恢复中国的代表权。

世界银行

英语简称WBG，是世界银行集团的俗称，"世界银行"这个名称一直是用于指国际复兴开发银行（IBRD）和国际开发协会（IDA）。这些机构联合向发展中国家提供低息贷款、无息信贷和赠款。1980年中国恢复世界银行的成员地位，次年接受了世行的第一笔贷款。

同意恢复中国在联合国常任理事国的地位，同意跟中国建交，结束敌对状态。同时，在经济上承认中国劳动者的劳动力是有价值的，人民币是有价值的，而不是个简单的符号，中国劳动者是世界所有劳动者群体中非常优秀的一员，所以国际货币基金组织承认中国和吸纳中国，承认人民币，提升"中国制造"产品的价格。同时，会有更多的外国投资者、贸易商跟中国做生意，而做生意的过程中就会不断地把外国的先进创新技术、创新管理引进到中国，使中国的企业更加现代化，加速了中国的进步。所以，这是具有伟大历史意义的事件。

陆军　中山大学岭南学院金融系主任：

中国改革开放并恢复原来的这些席位，说明主要国际组织、国际机构对中国敞开了大门，欢迎中国加入全球经济，并在国际经济包括政治舞台上发挥它的作用。

陈平　北京大学国家发展研究院、中国经济研究中心教授：

1980年的恢复在国际货币基金组织和世行中的地位，主要是一个政治姿态，实际上就是结束了中国重返联合国的一个漫长过程。中国从重返联合国到重返世界银行和国际货币基金组织，到最后加入WTO（世界贸易组织），实际上都是在恢复中国在《雅尔塔协定》中的权力，基本上政治的意义大于经济的意义。但是这在经济上也有非常重要的意义，中国一旦成了国际货币基金组织的正式成员，实际上就为人民币未来的国际化可兑换奠定了基础。

◎第三套人民币拾圆券"大团结"

这是中国人非常熟悉的第三套人民币。在这之前，第一、第二套人民币几乎都是黑头发、黄皮肤的中国人自己在使用。而当中国终于打开对外的大门，第三套人民币也开始触碰到了其他颜色的肌肤。

◎肯德基第一家中国门店开业

在流通了 25 年后，一张"大团结"被一位外国人郑重地收藏了起来，保存至今。这个人来自美国。1987 年，美国快餐企业肯塔基州炸鸡公司（肯德基）在北京的前门尝试开设了第一家中国门店，而这张"大团结"正是他们收进的第一张人民币。如今，肯德基在中国的三千多家门店每年要进账上百亿元人民币，对于这个国家所发行的钞票，他们接受起来已是习以为常。这样的变化让一代中国人感慨不已。

改革与开放所带来的变化是如此剧烈，今天中国的境况，和那个年代相比已是恍若隔世——解决了全球 1/5 人口的温饱问题，加入了世界贸易组织，举办了世界博览会，创造出全球排名第二的 GDP，成为出口规模世界第一、进口规模世界第二的经济大国。

大量像肯德基那样的跨国企业，早已把触角伸到整个中国的各个角落。它们每天收受的人民币，正逐渐成为全球营业收入的核心支柱，也印证着中外双方越来越深的相互信任。

中国人民已经可以携带人民币出入境了，从每人每次200元开始，这个数字不断扩大，到今天为止是2万元；人们还被允许每年可以从银行兑换5万美元额度的外汇。

而走出国门的人民币在境外也受到了欢迎。

北仑河，河的一侧是中国的广西，对岸则是越南的广宁省。近20年来，广宁省所流通的货币有两种——越南盾和人民币，有些商店甚至只收人民币；在一些市场里，兑换人民币也很方便，一种特殊的"地摊银行"随处可见，一捆一捆越南盾、人民币和美元被置放在塑料椅上，随时接受人们的兑换。还有些越南人已经在广西开设了人民币账户，把他们积攒的财富储存在这一张张钞票上。

在一水之隔的香港，人民币更是随处可用，带"银联"标志的人民币银行卡可以很方便地取钱或者消费，有些公司发工资用的也是人民币；在太平洋对岸的美国，有不少机场都可以让游客直接按外汇牌价完成人民币兑换；在国际市场上，已经有国家愿意接受人民币作为中外贸易的结算货币；而像韩国、菲律宾、马来西亚、俄罗斯甚至是日本等国，已经开始把人民币资产存入国库，当做自己的外汇储备。有学者推算，截止到2010年年底，在海外流通的人民币总量已经高达1万亿元。

朱民　国际货币基金组织副总裁：

随着中国国际地位的提高，中国货币地位的提高也变得很重要。法国总统曾公开提出欢迎人民币加入IMF的SDR（特别提款权）这个篮子。IMF官员也公开发表言论，欢迎中国货币的加入。这表明了世界对中国货币地位提高的需求。

◎北仑河

◎地摊银行

俞吾金　复旦大学哲学学院教授：

现在我们到有些国家去，可以直接用人民币进行支付。像有些比较远的国家，甚至上次我们到南非去，有的地方也可以用人民币来支付。这都反映了我们国际地位的提高。

吴景平　复旦大学中国金融史研究中心主任：

人民币的国际化，首先是中国经济的影响力国际化，当中国经济无可争议地对全球经济起到了一个不可替代的关键性、基础性作用，主要国家、主要地区和中国的贸易往来所占比重的重要性达到了最重要程度的时候，那么代表我国经济的货币——人民币，也就自然而然地会为大部分的国家和地区所接受，而且成为它们和中国的交往、它们互相之间交往更为客观、稳定、科学的标准。人民币的国际化肯定是一个很长的过程，这个过程要求中国的经济、中国的社会能够持续稳定地向前推进，科学地发展。

安德鲁·布朗（Andrew Browne）　《道琼斯》及《华尔街日报》中国总编辑：

我认为人民币代表了中国这个世界第二大经济体，而事实上令国际经济体振奋的一件事情是人民币国际化的问题，这是银行家一直在讨论的一个问题。你知道现在香港已经发行了人民币计价的债券，事实上在一些中国的对外贸易中，也广泛使用到了人民币结价，我想它占到了总体贸易的7%。这也是政府需要关注的一个政治问题，也就是要提升人民币的国际化程度。但实际上人民币的国际化进程比国际市场的需求和预期慢了一些，但毕竟这是一个世界经济的基本趋势。中国作为第二大经济体，人民币一定会慢慢被世人所熟知。

柯雷德　艾迈柯斯（AMMEX）公司中国区总裁：

我很愿意看到人民币国际化，这对于中国、对于世界、对于商业来说都是一件很棒的事情。如果人民币成为一种国际货币的话，它将成为与美元、欧元相媲美的一种货币，它将会成为另外一种选择。对于我个人来说我喜欢选择，因为竞争可以降低成本。你知道我来到中国已经27年了，最开始的时候使用人民币有很多困难，但是现在已经越来越容易了。在过去的10年当中你可以看到一个巨大的变化，在未来的10年当中，人民币会越来越国际化。中国在不断地发展，我觉得人民币会成为一种超级有力量的货币。

本名捷尔吉·施瓦茨（Gyoumlrgy Schwartz），美国籍犹太裔商人，著名的货币投机家、股票投资者、慈善家和政治行动主义分子。索罗斯最早在全世界扬名，是在他弄垮了英格兰银行之后；而让亚洲人铭记索罗斯的，则是因了1997年爆发的亚洲金融风暴，其对泰铢和其他诸多东南亚国家货币的袭击，导致许多亚洲国家的金融体系濒临崩溃，经济陷入困境。

肯尼斯·罗格夫（Kenneth Rogoff）国际货币基金组织前首席经济学家：

我认为政府的信用、政府最终支付的承诺是非常重要的。成为国际化货币不仅需要对政府的信任，更需要的是国际影响力，包括文化方面、军事方面、政治方面，所有这些都很重要，人们必须相信它固若磐石。政府需要做到的是让更多的人相信它的信用。一国货币想成为世界货币，就是让更多的国家信任它。我想有一天人民币终将成为国际货币，很明确的一点是人民币会成为未来的储备货币之一，中国会振兴并发展为世界最大的，最具影响力的经济体。

在20世纪末，中国的第四套人民币率先站上了世界舞台，开始赢得世界的信任。

1997年7月2日，中国恢复对香港行使主权的第二天，一场巨大的金融风暴开始袭击东南亚。首当其冲的是泰国，7月2日当天，泰铢就贬值了1/5，这意味着以金融大鳄索罗斯为代表的国际投机家在一眨眼之间从泰国卷走了40亿美元。在韩国，韩元贬值了将近50%，国家经济濒临破产边缘，很多韩国民众纷纷拿出自己的黄金排队上交给政府，帮助国家渡过难关。在日本，大小金融机构和企业纷纷倒闭，到1997年年底，日经指数比上一年下跌了25%。香港也未能幸免于难，恒生指数在10个月里从10000点以上暴跌至6000点，总市值蒸发了近20000亿港币。被称为"亚洲奇迹"的长达20年的经济繁荣顷刻瓦解，相关国家和地区的货币平均贬值了39%，最严重的贬值达80%，整个亚洲风雨飘摇。

资本市场并未开放的中国，当年虽然没有受到直接的金融攻击，但出口却受到了很大影响。

王松奇　中国社会科学院金融研究所副所长：

这些亚洲国家的货币贬值以后，它们生产的商品，假如以美元计价的话就变得更便宜了。而人民币计价的产品不贬值，也和美元挂钩的话，我们的商品和它们的比就相对变得贵一些。不贬值国家的商品比贬值国家的商品贵了，那么市场份额就可能贬值国家占得多一些，我们就占得少一些。

徐明棋　上海社会科学院世界经济研究所副所长：

这个道理很简单，其他国家货币贬值了，你没贬值，那么也就意味着其他国家商品的价格，相对你而言变得更便宜了，它具有了价格上的竞争优势。因此其他国家的出口就变得更容易，我们当时的出口就受到这些国家的竞争、挤压，那么就出现了一定程度的下降，所以说对中国的经济产生了一些不利的影响。

奚君羊　上海财经大学现代金融研究中心副主任：

我们国家当时的经济结构和东南亚这些国家的经济结构还是比较相近的，大家都是主要生产劳动密集型的产品。那么他们的这些出口增长，在一定程度上就挤占了我们国家的出口，对我们国家当时的经济是有所不利的。也就是说我们承受了很大的压力和代价。

张燕生　国家发展和改革委员会学术委员会秘书长：

当一场危机到来的时候，谁贬值，这个危机的冲击就会转移；谁稳定，这个危机的冲击就会集中在这个稳定的国家。实际上也就是相当于，我的货币大幅度贬值，那么这个时候危机的压力就会转向不贬值的国家。其实贬值、升值在危机来临的时候它是一个信心的表现和责任心的表现。

中国的人民币成了世界关注的焦点。人民币是否也要贬值？对此，中国国内争论不休。按照外贸部门的计算，如果人民币不贬值，中国 1998 年的对外贸易顺差将比1997 年减少 70% 以上，打击不可谓不大；但金融界人士则不同意贬值，他们认为，唇亡齿寒，如果人民币也贬值，只会对亚洲造成更大的负面影响，让各国陷入竞相贬值的恶性循环之中，长远来看，整个亚洲的经济可能会就此崩溃。

1997 年 10 月底，世界银行在香港举办年会，人民币是否贬值，成为年会最敏感而重大的话题。在世界银行特意举办的一场演讲会上，时任国务院副总理的朱镕基郑重表示："中国将坚持人民币不贬值的立场，承担稳定亚洲金融环境的历史责任。"此言一出，在场的亚洲各国领袖大松了一口气。一个月后，时任国家主席的江泽民在出访马来西亚时也庄严承诺，中国不仅不会使人民币贬值，还将尽可能为东盟（东南亚国家联盟）成员提供援助。《远东经济评论》对此感叹道："中国第一次在全球性的经济危机中展现了经济大国的风范。"

事实上，为了捍卫人民币不贬值，中国承担了空前的风险和压力。1998年，中国出口增幅猛跌到前一年的1/40，利用外资也出现负增长；夏天，长江流域又遭受百年一遇的特大洪水，29个省市受灾，死亡4150人，直接损失2551亿元；在金融危机影响最大的时候，中国还曾经有1000万国有企业职工下岗失业，引发了社会的不稳定。然而，即便这一年经济上举步维艰，中国政府还是坚守了对世界的承诺，保持了币值的稳定。对此，美国前外交官约翰·特卡奇克和东亚问题分析家程迪安高度评价道："在过去5年的大部分时间里，中国在华盛顿没有得到尊重，但是，中国在亚洲的货币危机中采取的立场值得人们尊重。"

彭文生　中国国际金融有限公司首席经济学家：

那时候中国作为一个重要的出口国家，对其他亚洲国家的竞争压力越来越大。如果人民币也跟着其他国家的货币一起贬值的话，可能对当初整个亚洲的市场，都会有比较大的冲击。所以那个时候我们没有贬值，应该说这是中国作为一个负责任的大国的体现。

何志成　中国农业银行高级经济师：

1997年亚洲金融危机期间，世界货币体系，尤其是亚洲货币体系出现了极大幅度的振荡，包括日元振荡都很大。当时中国承诺人民币汇率稳定不变。第一，是给亚洲经济以信心；第二，在世界上树立了一个难得的典范。当时的领导人清楚地看到，一个是中国有这个实力，另一个是中国应该承担这个责任。

张燕生　国家发展和改革委员会学术委员会秘书长：

在维持东亚地区货币稳定和帮助东亚各国走出亚洲金融危机方面，我们体现了一个大国的责任。

龙安志 《朱镕基与现代中国变革》作者：

中国从那时候开始体现出了更强的责任感，不再只考虑自己的内部问题，而是开始对亚洲别的国家负责任。

巴里·埃森格林（Barry Eichengreen） 美国加州大学伯克利分校经济学教授：

当时，中国政府的承诺使亚洲一些国家逐渐走出金融危机，使他们不会担心更多的问题。亚洲金融危机始于泰国，扩展到印度尼西亚，进而蔓延到更大的经济体韩国，许多人在想危机会不会扩展到更大的中国。在那时中国政府走出来承诺人民币不贬值，也是这样一个承诺，逐渐使亚洲国家走出了危机。

斯蒂芬·罗奇（Stephen Roach） 美国著名经济学家，美国耶鲁大学商学院经济学教授：

人民币是恢复亚洲金融稳定的一个重要的锚，是亚洲国家回归稳定的一个重要的依靠，这就是我对人民币的第一印象，当时这对亚洲甚至整个世界而言都是意义重大的。

曾经的"中国威胁论"，正悄然转化为"中国责任论"，世界开始越来越信任中国。10年后，当一场金融危机席卷全球时，人们开始呼吁让中国和她的第五套人民币站上世界舞台，去担负起更重大的责任。

在全球的金融中心纽约，矗立着这样一个标志性的建筑——国家债务钟。从1989年开始，它就忠实地记录着美国的负债总额，并会换算出每一个美国家庭负担的债务量。二十几年来，债务钟上这个象征美国负债的数字一直在膨胀，屡次突破美国政府法定的

国家债务钟

它是在老布什刚刚上台的1989年建造的，26英尺长、11英尺高，位于纽约第六大道和42街的交汇点，离著名的时代广场不远，纪录着美国负债总额，并会换算出每个美国家庭负担的债务量。这个时钟上的数字一直在变化，其目的就是为了提醒美国人多为子孙后代着想，在经济问题上不要"寅吃卯粮"。

标准普尔

世界权威金融分析机构，总部位于美国纽约市，由亨利·瓦纳姆·普尔先生于1860年创立。2011年4月18日，标准普尔把美国长期主权信用评级前景展望由"稳定"下调为"负面"，维持主权信用评级不变。2011年8月6日，国际评级机构标准普尔公司当地时间5日晚对外宣布将美国主权信用评级从"AAA"下调至"AA+"。

债务上限。2011年8月，这颗炸弹终于被引爆。国际著名评级机构标准普尔百年来首次下调美国的国家信用评级，国际市场一片动荡。靠举债度日的美国，和她在全球泛滥成灾的美元，开始触发世界的不安。

陈雨露　中国人民大学校长：

这次标准普尔将美国主权信用的级别，从AAA级降到了AA级，应当说影响还是很大的，因为它是这么多年来美国的国家信用第一次被公开地降级。我认为这是科学的，因为美国确实不能够完全打消大家对于它的国债违约的担心，现在它不能够给大家如期还本付息的确定答案。这对美国是一个警告，对全球的投资人是一个警示。对美国国债信用评级的下降，实际上就是对美国国家信用整体的一种下调。

谢涌海　中银国际控股有限公司副执行总裁：

这次美国的国债信用被降级已经成为了事实，这件事情的发生实际上不是偶然的，美国从1985年开始就从债权国转为债务国，后来经过了几任总统，实际上它的债务在逐渐加大。从里根的"星球大战"到布什的中东政策，美国的国债从零开始一直增长到10万亿美元，这次金融海啸又把它弄到了143000亿美元。最近美国的国会又通过了一个新的动议，还要新增加24000亿美元的财政赤字，这是发行国债的一个上限。这么一来，美国今后国债的总量就超过了它的GDP总量，而且它根本解决不了这种债务的问题，因为这是它的结构性问题造成的。

而全球第二国际货币欧元，同样也未能独善其身。欧洲主权债务危机久拖不决，不断蔓延。先是希腊，后来又是西班牙、爱尔兰、葡萄牙和意大利，这些深受债务困扰的国家，其GDP占欧元区GDP总数的四成左右。欧元持续贬值，欧元区要解体的猜测甚嚣尘上。

王松奇　中国社会科学院金融研究所副所长：

1997年亚洲金融危机，2008年全球金融海啸，包括欧洲主权债务危机，核心都是钱的问题，都是流动性的问题。美国许多金融机构倒闭了，缺钱，需要资本补偿。欧债危机，需要大家去买它的债券，也缺钱，都是钱的问题。

陆军　中山大学岭南学院金融系主任：

当然根本的原因和国家的经济状况、经济结构、经济健康情况是有关系的，它反映在货币上，经济比较弱，前景不是很妙，所以你这个货币有可能贬值，甚至会出现严重的问题。所以归根到底货币是一个综合的反映，能够将国家的整体情况反映出来。

革新的大门在危机后已经开启，国际货币基金组织和世界银行正在悄然发生变化。根据最新的改革方案，中国在这两个组织中的投票权都将位居第三，仅次于美国和日本。与此同时，这两个组织的高层中也首次出现了朱民、林毅夫等中国人的面孔。

肯尼斯·罗格夫（Kenneth Rogoff）　国际货币基金组织前首席经济学家：

给我印象更深的是在2008年的金融危机中，中国政府采取了一些稳定经济的政策，这对于整个世界来说都是有益的事情。中国政府不仅仅愿意这样做，更重要的是它有能力这样做，这给世界留下了深刻的印象。所以，现在世界经济出现一些问题时，人们会期许中国政府采取一些政策，期许中国政府的政策可以帮助他们解决问题，期待中国可以承担起一些责任。

向松祚　中国人民大学国际货币研究所理事、副所长：

把人民币的金融市场、人民币的资产市场做大，做成一个全球性的市场，这是对

◎朱民（国际货币基金组织副总裁）

◎林毅夫（原世界银行首席经济学家兼高级副行长）

我们最大的挑战。中国是否有勇气，中国的政策能不能安排好，跨过这个巨大的坎，我认为是关系到中国能不能真正成为一个世界货币金融和经济强国的最核心的一步。这是一场金融的革命，中国必须要有勇气制定一个长远的金融战略，要有勇气开启并且实现这一次的金融革命。

今天，当人民币正一步步迈向国际，我们清楚地意识到，人民币最弥足珍贵的基石仍然是信用。国内总有人在提出对人民币发行量过大的担忧，而世界上也总有对中国操纵人民币汇率的指责、对中国倾销货物的抗议、对中国货币政策难以预期的质疑。透过人民币这张国家名片，世界正在不断地追问：发行和管理这种货币的是一个怎样的国家？这个国家以什么为准绳？崇尚哪些精神？以什么为荣、又以什么为耻？它还在往什么方向走去？

孙立坚 复旦大学经济学院副院长：

现在中国首要的问题不是为人民币国际化而拼命地去推人民币走向市场，而是要把自己的国家做强。只要把自己的国家做强，市场自然而然一定会来选择你的人民币，所以人民币的强大一定是基于我们国力强大的基础上的。

韦森 复旦大学经济学教授：

法治民主下的良序市场经济是中国的未来之路，我们早晚要走这条路。市场需要法治，法治需要民主。

巴里·埃森格林（Barry Eichengreen） 美国加州大学伯克利分校经济学教授：

我想为了加强其他经济体对人民币的信心，中国还应该加强它的法治，进一步完善它的法律。

吴景平 复旦大学中国金融史研究中心主任：

我想人民币是所有持币人合法经济权利的重要体现，它应当受到充分的尊重。因此，相应的法规也好，政策也好，措施也好，都要从尊重人民的利益、尊重持有人民币的持币者的利益的角度，从他们的权利出发。人民对人民币的期望是很高的，这就要求无论是普通的民众还是经济实体的责任者，抑或是重大经济政策方针的制定者、决策者，都要更多地想一想，我们为人民币所代表的这个国家和人民做到了什么，我们应该怎么样做得更好呢？

肯尼斯·罗格夫（Kenneth Rogoff）　国际货币基金组织前首席经济学家：

很明显，最大的问题是从一种过去不可兑换的货币转换为一种可自由兑换的货币。一旦人民币真正成为一种国际货币，它就会逐步踏上成为统治货币的道路，但在你成为第一之前，你必须遵守游戏规则。对政府而言信任并不是一件简单的事情，大部分国家都经历了很久才可以达到这一步。我认为中国还需要做许多工作来达到这一点。中国经历了30多年的快速增长，没有发生重大的经济危机。这当然很幸运，但正常的经济体在发展过程中都会出现繁荣，出现衰退，中国必将面临一些挑战。中国现在成为增长中的经济体，理应面对一些波峰和波谷。中国应该记得这次金融危机，危机会出现但这并非世界末日，美国曾经经历过，比如在20世纪80年代就经历过危机，日本更是经历过两个20年的衰退，当然在政治、经济等方面都要作出一些努力，来保证国家不会陷入持续性的衰退当中。许多国家在发展过程中，都会经历一些经济危机，当面对这些挑战时，一些国家的经济秩序发生了混乱。并不是我预测中国以后会发生经济危机，每个经济体都可能出现危机的状况，问题是面临这些金融危机类似的挑战时，中国该如何去面对。

人民币就像一面镜子，它明亮地映照着中国的进步，也清晰地折射出中国的某些缺失。

人民币从来不是一个纯粹的经济话题，它不仅涉及金融、经济、政治、文化和军事，也关乎意识形态与道德水平，触及一个国家的核心价值观。正在朝着法治化、市场化、国际化和自由化大步迈进的人民币，将会带给中国一场重大的变革。当变革完成，一个被国民所信任、被世界所尊重的国家将傲然挺立，最终造福的会是13亿中国人民。

人们不会忘记，64年前人民币横空出世时，正是因为它带来了信心与希望，所以人们才选择了它。人民币64年来的故事，实际上就是中国的故事、中国人民的故事；他们的命运紧密相连，他们有着独一无二的历史，也将有其独一无二的未来。

未来的第六套人民币，会不会映照出一个更为进步的时代？

吴晓波　著名财经作家：

我觉得从大的方面来讲，人民币是一个国家的晴雨表。其实我们看人民币从它的诞生开始，走到今天 60 多年，当人们对它有信心的时候，一定是经济向好的时候；当人们开始怀疑它的价值的时候，那一定是经济滑坡的时候。当人民只能被动地接受这张货币的时候，那一定是计划经济比较旺盛的时候；当人们有权利来追求更多货币的时候，那一定是自由度提高的时候。所以它是国民经济的一个晴雨表。

黄仁伟　上海社会科学院副院长：

实际上对人民币这个话题的探讨，就是用人民币作为一个符号，作为一个尺度来衡量中国经济如何从计划经济中走出来，甚至于最早如何从根据地的经济走向一个国家的经济，又如何从计划经济走向商品经济，走向市场，最后走向全球化的这么一个过程。所以人民币在每一个阶段的表现都是和经济的结构、体制、理念以及中国人实际财富的拥有和分配方式结合在一起的。

陆军　中山大学岭南学院金融系主任：

人民币当然是人民的货币，是为人民服务的，那么我们也希望我们的人民有更多的财富积累，人民币能够更多地造福于人民。让广大的群众能够分享到改革的成果，让人民拥有更多以人民币计价的财富，让人民币保持相对稳定，使得财富能够逐渐地增值，不会贬值。

丁一凡　国务院发展研究中心世界发展研究所副所长：

建立新中国的目的就是为了让老百姓过上好日子，为了让广大的人民能够享受更好的生活。建立一个新的政治制度主要是为了让更多的人富裕起来，也只有让广大人民富裕起来，才能说明这个政权是有意义的。

陈志武　美国耶鲁大学金融经济学教授：

中国所有的制度安排和政策选择，我觉得最根本的应该是为了一个目的，就是让中国老百姓日子过得更好，生活过得更幸福。

独家访谈
EXCLUSIVE INTERVIEW

在 1997 年的亚洲金融危机中，中国坚持人民币不贬值，对于中国取信于亚洲、取信于世界有什么影响？

丁志杰　对外经济贸易大学金融学院院长：

我们看到 20 世纪 90 年代中期之前，大量的资本流入亚洲，那时候有一个名词叫"亚洲经济奇迹"，全球都看好亚洲。事后来看，确实当时存在着资本过度流入的问题，到了 1997 年这样一个时间点上，亚洲经济的一些问题开始逐渐暴露，特别是经济过热，它背后可能出现的经济低效率，以及大家后来批评的裙带资本主义，也由此引发了对亚洲货币的投机，引发了起始于泰国泰铢的危机，后来蔓延到整个亚洲。在这样一个过程中，亚洲主要国家的货币都经历了大幅度的贬值，30%，甚至 50%，包括日本为了应对危机的冲击，也使日元有大幅度的贬值，日元汇率在 1998 年一度达到 147 日元兑 1 美元。在这个时候如果中国也贬值自己的货币的话，就意味着所有国家的货币贬值都抵消了，此前的货币贬值不会发生任何作用，甚至可能会引发新一轮的货币竞相贬值的风潮。所以在这样一个背景下，中国政府承诺人民币不贬值应该说对稳定亚洲的货币金融经济乃至世界经济都作出了重大的贡献。所以我们看到，在那一个阶段，在中国的所有外交场合，各国都高度赞赏中国不贬值的政策，我想这肯定是由衷的。

维护政府信用，保持货币价值稳定有什么重要的意义？货币信用的根源又是什么？

徐明棋　上海社会科学院世界经济研究所副所长：

政府保持货币的价值稳定，也就是保持政府的信用，是非常重要的。丧失了信用，货币流通可能就会不稳。货币是使得商品交换能够顺利进行的一个媒介，货币的基本功能就是价值尺度和交易媒介，按照马克思的话来说，就是价值尺度和流通手段的统一。缺乏了货币的话，商品的价值是无法实现的。货币的价值不能是不断发生变化的，尤其是不能不断地贬值，如果不断贬值，那么它的价值储藏功能就丧失了，最后它的交易媒介功能也会丧失，因为没人愿意接受这种货币。所以，一个国家或政府保持本国货币价值的稳定，也就是所谓的要有信用支撑，是非常重要的。

一个国家的货币价值稳定，除了使本国老百姓愿意接受之外，还会逐渐扩散到周边地区，让其他国家也愿意接受。比起其他国家的货币来，你这个货币的价值不会贬值，那么人们就愿意持有它，甚至储藏它。那么在这样的一个背景之下，逐渐地，它就会跨出本国经济运行的范围，到其他国家去流通，逐渐成为国际货币。

货币信用的根源，说穿了除了政府的意愿，就是控制货币流通的规模，不让货币过度发行，超出流通的需要，其中最关键的还是商品生产要能够不断地发展。因为货币代表着商品价值，如果货币发行了以后，商品生产却萎缩了，就没有相应的商品价值能够让货币来代表，让货币来实现。纸币本身是没有价值的，但是它代表着一定的价值，这个价值就是商品的价值。所以说一个国家、一个经济体，它的经济发展速度比较好，比较稳定，商品生产规模在不断地扩大，这样它的货币相对来说就比较稳定，它的信用就有保障。

人民币的逐渐国际化代表着什么，对我国经济的发展有着怎样的优势？

陈雨露　中国人民大学校长：

人民币国际化意味着什么呢？它意味着中国经济已经实现了崛起。因为一种货币在全球范围内使用，它的依托肯定是：这个国家不仅是一个经济大国，而且必须变成一个经济强国。从国际经验来看，一种货币变成了最重要的国际货币之一，在时间上往往要比国家的经济实力变强要往后一点，所以我想人民币的国际化一旦实现，肯定意味着中国经济已经变成了一个强国，已经实现了崛起。从这个意义上来讲，人民币国际化是我们追求的一个目标。

正因为如此，从一个国家整体的发展战略来说，人民币国际化最重要的好处，就是它能够保证当中国实现了经济崛起之后，能够实现持续的繁荣。这是一个非常重要的支撑。如果我们的货币被全球所接受而成为最重要的国际货币,那么在全球金融规则的制定上,我们是有发言权、话语权的,对我们是有利的,起码能做到不受人家欺负。其次,它有利于我们国家实现生产中心和金融中心的匹配。现在我们是世界工厂,但是我们没有国际性的金融中心,这对我们来讲是很被动的一点,我们形成生产中心、形成外汇储备不得不去买人家的债券作为投资。如果我们拥有了一个国际金融中心,那么就有巨大的人民币债券市场,那么我们就既能解决我们发展的资金问题,又能解决我们的金融投资问题。第三,对我们的企业来讲,就可以更多地采用人民币计价,避免汇率风险,我们的外汇储备也用不着那么多,就能避免人家赖账。这些好处都是随着中国经济整体上升到一个强国地位的时候,我们应该随之尽快实现的。

我们应该怎样解读今天全球局势的这种动荡,它跟货币有关吗?它跟国家信用有关吗?

孙立坚 复旦大学经济学院副院长:

自 20 世纪 70 年代以来,货币和黄金脱钩,我们看到全世界的投资和贸易,主要使用的货币集中在少数几种货币身上,一种是美元,一种是欧元。原因是什么?相对于世界其对国家而言,美国经济的强大和后来欧洲经济的强大,使美元和欧元成为信用最好的货币。但是我们看到即使是货币信用好的国家,也都在 21 世纪初出现了资产泡沫。金融创新的滥用,促使这些国家在解决泡沫的时候,并不是挤压泡沫,而是通过超发货币去救市。那么大家都知道一种货币如果不是随着财富的增加而增发,增发货币的目的仅仅是解决金融机构债务上的问题的话,那超发的货币就会影响到货币未来的走势。所以我们已经看到美元的疲软,未来美国有可能连物价的问题都会受到影响。

从国家的角度来讲,当一种货币的信用受到挑战的时候,如果人们的财富又是由这些货币来支撑的,那么就会构成国家财富的安全问题。所以国家也非常希望能够把货币的主导权牢牢地掌握在自己的手中,而掌握在自己手中的前提条件就是国家自身一定要寻找到一个可持续增长的发展模式。一定要有一个良好的控制物价的宏观经济环境,只有这样我们才能摆脱现在欧美国家为了救市超发的这些影响投资和贸易的多余货币。多余的货币可能会冲倒工业原材料市场,抬高大宗商品的价格,这些都会对我们构成威胁。在未来,中国能否走出一条自己的可持续增长道路，不再过度依赖外国的市场和被外国金融资本控制的工业原材料资源，自己发展出一个良性的经济增长空间，这是很关键的。这关系到我们人民币的信用和我们未来以人民币支撑的财富水平。

后记　专注才能赢得未来

2012年，对于中国的投资者来说，是非常艰难的一年。上半年，沪深股市持续低迷，甚至连创新低，很多散户无奈之下选择了销户离场，彻底离开了让自己伤心的股市。

对中国的企业而言，2012年也是艰难跋涉的一年。大潮退去，才知道谁在裸泳。全球经济危机的深度影响在中国市场逐渐显现，各种坏消息不断传出。中国的企业到底能不能经得起危机的考验？目前来看，这还是一个未知数。

2012年，转型中的中国经济也面临着严峻的挑战。接下去的日子里，中国经济能否继续保持稳定的高增长？中国经济的未来前景到底如何？

面对纷繁复杂的财经世界，面对一连串的疑问，第一财经身处其中，同样也在摸索中前行。基于客观和理性的精神，我们很早就意识到，我们不仅仅需要走在财经世界的最前沿，第一时间报道国内外重大财经资讯，同样也需要回望历史，在喧嚣过后，透视和思索我们所面对的财经世界的本质，为国内的投资者和企业提供镜鉴。因为历史是一面镜子，也是一本深刻的教科书，而且它还在不断重演。只有认清历史，我们才能避免重蹈覆辙。而对于投资者，对于企业，甚至对于一个国家来说，要想长远发展，必须学会吸取历史的教训，避免曾经出现过的种种失误。从这个角度来说，我真诚地希望，第一财经通过大型财经电视纪录片的创作，能够为投资者带来更深入、更客观的投资视角。投资大家比尔·格罗斯说过："要想预测未来，没有比历史更好的老师，一本30美元的历史书里蕴藏了价值数十亿美元的智慧。"

2012 年 7 月，第一财经推出了八集大型电视纪录片《黄金时代》，通过透视黄金与人类相伴相随的历史，深入探索了国际货币体系的变迁，在社会上产生了巨大的反响。与此同时，第一财经纪录片组的创作团队，又把摄像机镜头对准了我们自己每天都在使用的货币——人民币，创作了五集大型电视纪录片《人民币》。

人民币是什么？它与每一个中国人息息相关。每个人都对它很熟悉，但有时似乎也感到陌生。投资者的一举一动，离不开人民币；企业日常经营行为的每一步，离不开人民币；整个国家经济活动的每一个环节，也都与人民币密切相关。认识人民币，回望人民币一路走来所经历的艰难曲折的历史，思考人民币背后所承载的价值观，对于一个致力于为投资者创造价值的财经媒体来说，具有非常重要的现实意义。这对于转型中的中国来说，也同样能够带来更多的思考和启示。

人民币从我党根据地的小山村里艰难起步，到在大城市里通过没有硝烟的战争最终立足，再到飞进了千家万户并开始走出国门，见证了中国的崛起，也与每一个中国人的命运紧密相连。关注人民币，也就是关注我们自己的命运；关注人民币，也就是关注我们国家的命运。

跨过 2012 的时候，第一财经将进入成立以来的第十个年头。短短的十年间，在财经领域，第一财经也进行了各种各样的探索。我的深刻体会是：只有恪守职业道德，用事实说话，坚持公平、公正的价值观，在财经领域专注和坚守，把专业的内容做到极致，一个财经媒体才能赢得投资者和企业的信赖，才能在财经领域占据自己的一席之地。

第一财经传媒有限公司副总经理
第一财经电视频道总监

附录 历套人民币集锦

第一套人民币集锦

第二套人民币集锦

第三套人民币集锦

第四套人民币集锦

第五套人民币集锦

《人民币》纪录片　主创人员名单

学 术 顾 问：杜导正　刘 吉　江 平
　　　　　　吴景平　陈志武　季卫东
总 　 策 　 划：谢 力
创 作 总 监：康健宁
总 制 片 人：张志清
制 　 片 　 人：吴飞跃
策 　 　 　 划：胡舒立　郑 健　方宇豪　吴 鹏
　　　　　　周 勇　黄 湘　朱长征　朱韶民
　　　　　　吴晓波　叶 檀　王德培

总导演 总撰稿：吴飞跃
导 演 撰 稿：韩 潇　杨 波　吴 刚　徐洪亮
摄 　 　 　 影：金 熙　徐峥巍　孔凡天　朱震阳
剪 　 　 　 辑：施 栋　吴蔚琦　周士奇　吴 弢
　　　　　　陈 亮　孙逊奇　杜 劼　金 磊
　　　　　　王宗伟
旁 　 　 　 述：宋怀强
音 乐 编 辑：陈建强　阳 光

资 料 顾 问：张景岳
资 料 导 演：吴浩亮　钟 雯
资 　 　 　 料：吴雪雁　王敏丽
导 演 助 理：钱跃文　钟 雯　王玉玉　任 家
　　　　　　夏晓婕　王 博　郭俊凯　杨逸敏
　　　　　　罗 婷　李依蓉　李 甜　邓文婷
　　　　　　刘军静　朱寅莹　罗 昇　张琦雯
　　　　　　金雨菲　苏 敏　龚晓怡　常若冰

制　　　　作：SMG视觉数码基地

技 术 监 制：王　振

后期　项目监督：张　炜　　盖璐斯　　徐建华

后期　技术支持：陈　祎

特 效 制 作：孙景浩　　程俊超　　钱　珺　　马　盈

　　　　　　　胡维嘉　　赵佳程　　黄　逸　　曹圣麟

　　　　　　　胡欣然　　吴媛媛　　王　玲　　施　慧

动 画 总 监：金忠勤

包 装 制 作：陆瑾华　　蔡志祥　　陈思宇

技 术 支 持：王浩泉　　林　云　　王　晳

节 目 推 广：麦　挺　　杨璐蔚　　车　蕾

　　　　　　　钱嘉伟　　袁　馨　　万大明

外 拍 协 助：周　鑫　　吴　煜　　杨昕韵

　　　　　　　唐佳音　　葛唯尔　　林　航

　　　　　　　戴晓芙　　戴佳运　　倪　娜

　　　　　　　王汇语

造 型 设 计：蔡　蔡

监　　　　制：陆天旗　　蔡如一　　程兆民　　李　菁

总 监 制：秦　朔

出 品 人：裘　新

鸣 谢 ───────────────────────────────────

财新传媒　　　　　　　　　中共瑞金市委宣传部

中国金融博物馆　　　　　　中共东兴市委宣传部

中国钱币博物馆　　　　　　陈云纪念馆

上海印钞有限公司　　　　　吴越币社

上海造币有限公司　　　　　河南嵖岈山卫星人民公社旧址

中国社会科学院　　　　　　上海热处理厂有限公司

上海社会科学院　　　　　　森大厦株式会社

北京大学　　　　　　　　　三菱东京 UFJ 银行

清华大学　　　　　　　　　美国金融博物馆

中国人民大学　　　　　　　美国《读者文摘》RDA

复旦大学　　　　　　　　　上海罗家文化艺术交流有限公司

上海交通大学　　　　　　　温州市政协文史资料委员会

上海图书馆　　　　　　　　中铁大桥局集团有限公司

北京市档案馆

感 谢 ───────────────────────────────────

所有为本片提供支持的专家学者与机构

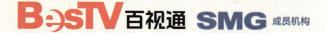